fische
aus heimischen
seen & flüssen

SCHÄTZE AUS DER NATUR

JACQUELINE VOGT
INGO SWOBODA

fische

aus heimischen
seen & flüssen

SCHÄTZE AUS DER NATUR

JACQUELINE VOGT
INGO SWOBODA

FOTOS VON ALEXANDER WALTER

KOSMOS

FISCHE
AUS HEIMISCHEN SEEN & FLÜSSEN

UND HIER SEHEN SIE ES GANZ GENAU.

DAS IST
wirklich
WICHTIG

DARAUF KOMMT'S AN! Hier erläutern wir alles, was zum Gelingen des Rezepts wirklich wichtig ist. Wo es sinnvoll ist, mit Bild, sonst auch ohne.

BITTE FISCH AUF DEN TISCH!
Genuss, der aus dem Wasser kommt

AUS DEUTSCHEN FLÜSSEN UND SEEN UND AUS DER DEUTSCHEN FISCHZUCHT KOMMT EINE BUNTE VIELFALT VERSCHIEDENER SÜSSWASSERFISCHE. SIE SIND GESUND UND BEKÖMMLICH UND MIT DEN RICHTIGEN REZEPTEN EIN GENUSS.

Fische sind „im Wasser lebende, durch Kiemen atmende Wirbeltiere, die Flossen oder wenigstens Flossensäume besitzen". So weit die Definition aus dem Brockhaus.

Ernährungsphysiologisch ist Fisch eines der wertvollsten Lebensmittel mit hohem Gehalt an Eiweiß, Vitaminen der B-Gruppe, Vitamin D, Kalium, Fluor und Jod. Fisch ist leicht verdaulich, denn die meisten Arten haben wenig Kalorien.

Ist er erst einmal gehäutet, filetiert und entgrätet, ist Fisch sehr leicht zuzubereiten. Die meisten Fische haben eine kurze Garzeit, nehmen es aber auch nicht richtig übel, wenn man sie über-gart. Sie werden vielleicht ein wenig zu weich, aber bevor ein Fischfilet wirklich ungenießbar aus der Pfanne, dem Topf oder dem Ofen kommt, muss einiges passieren.

Wie Sie mit küchenfertigen Filets, aber auch mit ganzen Prachtexemplaren wunderbare, einfache, aber dennoch raffinierte Gerichte zubereiten, wird in diesem Buch erklärt: jedes Rezept mit Erläuterungen, die Schritt für Schritt zum Genuss führen.

HEIMISCHE ARTEN IM BLICK

Fisch ist ein faszinierendes Lebensmittel, aber auch eines, über das in der jüngeren Vergangenheit viel zu sagen war. Stichworte sind hier die Überfischung der Meere und die Schäden, die durch Ausbeutung der Ressourcen entstehen. Tatsache ist, dass auch Fische den Lebensraum spiegeln, in dem sie groß werden – hier heißt das Stichwort Schadstoffgehalt. Deshalb geraten die heimischen Süßwasserfische wieder vermehrt in den Blick von Kunden und Köchen. Wer selbst angelt, schätzt Saibling und Karpfen, Felchen und Zander sowieso.

Aus unseren Seen und Flüssen, die heute weitgehend rein und sauber sind, aus Teichen und aus geschützter regionaler Aufzucht kommt ein vielfältiges Angebot an Speisefischen, die auf ebenso vielfältige Weise zubereitet werden können. Anregungen dazu finden Sie auf den folgenden Seiten.

FANGFRISCH
auf den Teller

AUS EINEM FANGFRISCHEN FISCH EIN KÖSTLICHES GERICHT ZU ZAUBERN IST GAR NICHT SO SCHWER. MIT DER RICHTIGEN VORBEREITUNG GELINGT ES. MIT SICHERHEIT. UND ES SCHMECKT.

EINKAUF UND LAGERUNG
Die Augen entscheiden

FANGFRISCH EINGEKAUFT, RASCH VERARBEITET ODER MÖGLICHST KURZ BEI OPTIMALER TEMPERATUR GELAGERT – BESTE VORAUSSETZUNGEN FÜR KÖSTLICHEN FISCHGENUSS.

Das ganze Jahr über ist eine breite Palette tiefgefrorener Fische erhältlich. Allerdings sollten Sie bedenken, dass gefrosteter Fisch an Qualität einbüßt, wenn er bei weniger als −18 °C gelagert wird. Greifen Sie deshalb so häufig wie möglich auf fangfrischen Fisch zurück – Sie werden den Unterschied schmecken.

Wenn Sie einen fangfrischen Fisch gekauft haben, sollten Sie ihn auf dem schnellsten Weg kühlen. Der hohe Wassergehalt lässt den Fisch rasch verderben.

Es gibt sechs Merkmale, an denen Sie erkennen können, ob ein frischer Fisch hält, was er verspricht:

GERUCH
Fangfrischer Fisch riecht immer frisch. Erst nach längerer Lagerung entwickelt er den typischen Fischgeruch.

FESTIGKEIT DES FLEISCHES
Hinterlässt ein Fisch eine nur kurz sichtbare Druckstelle, wenn man mit dem Finger auf seine Haut drückt, ist sein Fleisch elastisch und der Fisch ganz frisch. Bei älteren Fischen bleibt die Druckstelle längere Zeit sichtbar.

SCHLEIMSCHICHT

Ist die Haut eines Süßwasserfisches von einer klaren Schleimschicht bedeckt, ist der Fisch frisch. Bei zu lange gelagerten Exemplaren fehlt dieser Überzug oder ist trüb.

KIEMEN

Die Kiemen sind von hellroter Farbe. Bei alten Fischen sind sie dunkelrot bis bräunlich.

AUGEN

Bei frisch gefangenen Fischen glänzen die Augen, sind klar und die Linse ist nach außen hin gewölbt. Wenn Fisch längere Zeit gelegen hat, werden die Augen milchig und glanzlos.

EINGEWEIDE

Bei einem frischen Fisch kann man die Eingeweide anhand ihrer Kontur klar voneinander unterscheiden. Bei alten Fischen sind die Innereien breiig und kaum unterscheidbar.

Zu Hause angekommen, sollten Sie den Fisch entweder sofort zubereiten oder aber kühlen oder einfrieren. Wenn Sie sich für den Tiefkühler entschieden haben, müssen Sie den Fisch zuerst ausnehmen (siehe Seite 13) und, falls gewünscht, portionieren. Danach verpacken Sie ihn in Gefrierbeutel – am besten luftdicht eingeschweißt (entsprechende Geräte gibt es

HALTBARKEIT VON FRISCHFISCH IM KÜHL- ODER GEFRIERSCHRANK

	BEI +2 – +6 °C	BEI –18 °C
Frischer Fisch	1 Tag	
Zubereiteter Fisch	2 Tage	bis 5 Monate
Fischfilet		2 – 5 Monate
Ganzer magerer Fisch		2 – 5 Monate
Ganzer fetter Fisch		1 – 2 Monate

in jedem Haushaltsgeschäft zu kaufen). Jetzt ist der Fisch für die Lagerung im Gefrierfach vorbereitet.

Lassen Sie gefrorenen Fisch vor der Zubereitung zugedeckt in einer Schüssel im Kühlschrank langsam auftauen. Dadurch lösen sich die Eiskristalle nur langsam in Wasser auf und das Fischfleisch bleibt deutlich fester in seiner Konsistenz. Bitte beachten: Sobald Fisch an- oder aufgetaut ist, sollten Sie ihn schnellstmöglich verarbeiten, da sonst ein Qualitätsverlust einsetzt.

UMGANG MIT FISCH
Leichter, als man denkt

AUS EINEM UNBEGREIFLICHEN GRUND HAT SICH IN DEN KÖPFEN DER VERBRAUCHER DAS GERÜCHT VOM KOMPLIZIERTEN UMGANG MIT FISCH FESTGESETZT. DABEI MÜSSEN LEDIGLICH EINIGE GRUNDREGELN UND HANDGRIFFE BEACHTET WERDEN.

DER EINKAUF

Egal, wie Sie den Fisch später zubereiten: Wenn Sie mit einem fangfrischen, nicht küchenfertigen Fisch nach Hause kommen, müssen Sie ihn schnellstmöglich weiterverarbeiten. Transportieren Sie Frischfisch deshalb ausschließlich in luftigen Behältnissen nach Hause und kühlen Sie ihn dabei. Benutzen Sie dazu beispielsweise eine Kühlbox mit Kühlelementen und bewahren Sie ihn später im Kühlschrank bei max. +7 °C höchstens 1 Tag auf.

Bevor Sie einen Fisch zubereiten, bedarf es der Anwendung der sogenannten „3-S-Regel". Sie steht für „Säubern, Säuern, Salzen". Zunächst schneiden Sie mit einer Schere die Flossen des Fisches dicht am Rücken entlang ab, bevor Sie ihn schuppen, ausnehmen und schließlich waschen. Falls Ihnen der Fischgeruch an den Händen lästig ist, sollten Sie bei all diesen Tätigkeiten dünne Gummihandschuhe tragen. Von Küchenutensilien lässt sich Fischgeruch am einfachsten mit Zitronensaft oder Essig entfernen.

DAS SCHUPPEN

Ob ein Fisch tatsächlich geschuppt werden muss oder nicht, hängt von der späteren Zubereitungsart ab. Bei Fischen, die man in einem Sud kocht, die also „blau" gegessen werden, verzichtet man grundsätzlich auf das Entfernen der Schuppen, weil die Haut nicht verzehrt wird. Soll die Fischhaut mitgegessen werden, wird der Fisch am besten mit dem Rücken eines Messers von der Schwanzwurzel zum Kopf hin geschuppt. Halten Sie dabei den Schwanz fest und schaben Sie die Schuppen entgegen der Wuchsrichtung ab. Am besten tun Sie dies über einer Plastikwanne oder im Küchenwaschbecken, denn Fischschuppen haben die Eigenschaft, sich beim Ablösen in alle Richtungen zu verteilen. Und nichts ist unerfreulicher, als Tage später immer noch einzelne Fischschuppen in der Küche zu finden.

DAS AUSNEHMEN

Als Nächstes werden die Eingeweide des Fisches entfernt, er wird „ausgenommen". Soll er ohne Kopf zubereitet werden, müssen Sie diesen zunächst hinter der letzten Kiemenöffnung abtrennen. Zum Ausnehmen schneiden Sie den Bauch vom Darmende in Richtung Kopf mit einem scharfen Messer auf und entnehmen die Innereien. Dabei müssen Sie behutsam vorgehen, damit Sie die Galle nicht verletzen, denn sie enthält Bitterstoffe. Wenn Sie möchten, können Sie Rogen (Fischeier) und Leber – sofern vorhanden – weiterverwenden, die

übrigen Eingeweide werden entsorgt. Spülen Sie den Fisch nach dieser Prozedur innen und außen gründlich mit kaltem Wasser ab.

DAS SÄUERN UND SALZEN

Nun folgt das Säuern des Fisches mit Essig oder Zitronensaft. Beträufeln Sie ihn von allen Seiten und lassen Sie ihn dann zugedeckt im Kühlschrank rund 15 Minuten ruhen. Das Säuern ist deshalb wichtig, weil die Säure eine geruchshemmende Wirkung besitzt und darüber hinaus als natürlicher Geschmacksverstärker wirkt.

Kurz bevor Sie den Fisch zubereiten, reiben Sie ihn rundum mit Salz ein. Dadurch wird ihm Bindegewebswasser entzogen, das die Haut des Fisches benetzt. Verzichtet man auf das Salzen, bleibt die Haut feucht und bräunt beim Braten nicht.

Nachdem Sie diese Schritte durchgeführt haben, können Sie den Fisch im Ganzen weiterverarbeiten oder aber zuerst filetieren und entgräten (siehe Seite 34).

FISCHE ZUBEREITEN
Mehr als backen und braten

FISCHE KÖNNEN GEBRATEN, FRITTIERT, GEGRILLT, POCHIERT, GEDÜNSTET, GESCHMORT ODER GERÄUCHERT WERDEN. DOCH NICHT JEDE GARMETHODE IST FÜR JEDEN FISCH GEEIGNET.

Zum Pochieren (Garziehen) und Dämpfen sollten Sie bei Süßwasserfischen auf Forellen zurückgreifen, zum Schmoren, Dünsten, Backen, Braten und Grillen können Sie nach eigenem Gusto entscheiden. Zum Räuchern werden eher die etwas fetteren Fischarten verwendet.

Rechnen Sie pro Person und Mahlzeit rund 150–200 g Fischfilet oder 250–400 g ganzen Fisch. Und wann ist ein Fisch gar? Sobald sein vormals glasiges Fleisch weiß erscheint, die Flossen oder Gräten sich leicht vom Fleisch trennen lassen und die Augen milchigweiß sind.

DÄMPFEN UND POCHIEREN

Der Unterschied zwischen den beiden Zubereitungsarten besteht darin, dass man beim Dämpfen einen Topf mit Siebeinsatz verwendet, auf dem die Fische liegen. Sie werden also nicht in, sondern über der Flüssigkeit gegart. Beim Pochieren lässt man den Fisch in einem zuvor hergestellten Sud bei sanfter Hitze ziehen. Bei dieser Methode ist es sehr wichtig, dass die Temperatur der Garflüssigkeit 80 °C nicht übersteigt, damit der Fisch nicht austrocknet und auseinanderfällt.

DÜNSTEN UND SCHMOREN

Bei diesen etwas verfeinerten Varianten des Garens wird der Fisch zusammen mit Gemüse in einem Topf gedünstet oder geschmort und samt der im Topf vorhandenen Flüssigkeit serviert. Beim Schmoren wird nur wenig Flüssigkeit zugesetzt, die man so weit einkochen lässt, dass sie als Sauce zum Gericht gereicht werden kann. Beim Dünsten hingegen hat die Brühe eher die Konsistenz einer Suppe. Bei beiden Methoden bleibt der Fisch schön saftig.

GAREN IM BACKOFEN

Bereitet man einen Fisch im Backofen zu, muss man in jedem Fall darauf achten, dass ihm stets genügend Flüssigkeit zugeführt wird, damit er nicht austrocknet. Dies kann auf unterschiedliche Art geschehen: Entweder man begießt den Fisch in regelmäßigen Abständen mit einem gewürzten Sud oder man umgibt ihn mit einer Hülle aus Gemüse oder mit einer Bratfolie, wodurch ein Verdunsten der Flüssigkeit verhindert wird. Die Garzeit ist beträchtlich kürzer als beim Braten von Fleisch.

BRATEN, FRITTIEREN UND GRILLEN

Auch wenn man Fisch im Allgemeinen bei niedrigeren Temperaturen zubereitet als Fleisch, ist es beim Braten, Frittieren und Grillen wichtig, die Temperatur zu Beginn des Garvorgangs so hoch einzustellen, dass das Eiweiß auf der Oberseite des Fisches schnell gerinnt und so einen natürlichen Schutz gegen das Austrocknen bildet. Eine ebenso gute Schutzschicht erhält man, wenn man den Fisch vor der Zubereitung in Mehl, Semmelbröseln oder einem Ausbackteig wendet.

RÄUCHERN

Eine gute Methode, um einen Fisch längere Zeit haltbar zu machen, ist das Räuchern. Der dabei entstehende Rauch hat eine keimhemmende Wirkung, denn während des Räucherns verliert der Fisch einen Großteil seines Wassers, das ihn im frischen Zustand leicht verderben lässt. Die Utensilien fürs Räuchern sind leicht zu beschaffen: Sowohl den speziellen Ofen wie auch das notwendige Räuchersalz und Räuchermehl erhalten Sie in Anglergeschäften.

Grundsätzlich unterscheidet man zwei Räuchermethoden: Die „Kalträucherung" bei unter 30 °C und die „Heißräucherung" bei über 60 °C. Bei der Kalträucherung wird der Fisch vor dem Räuchern durch Einsalzen gegart. Dazu bestreut man ihn von allen Seiten gründlich mit Salz und lässt ihn vor dem Räuchern ca. 1 Stunde ziehen. Nach dieser Prozedur wird der Fisch gründlich gewässert und getrocknet, bevor er dann auf dem Rost des Ofens geräuchert wird.

Bei der Heißräucherung salzt man nur ganz leicht, weil der Fisch durch die hohe Temperatur im Ofen gegart wird. Dabei sollte die Temperatur erst allmählich auf die gewünschte Höhe ansteigen, damit sich kein Wasserdampf bildet, der die Fische weich werden lässt. Ausnahme ist das Räuchern von Aalen, denn hier ist die Bildung von Feuchtigkeit erwünscht. Nach Ende der Garzeit ist es wiederum wichtig, die Temperatur langsam abzusenken, um ein Austrocknen der geräucherten Fische zu verhindern. Wichtig: Heiß geräucherter Fisch ist nicht so lange haltbar wie kalt geräucherter, da Letzterem beim Garprozess durch das Salzen mehr Wasser entzogen wird.

DER BACHSAIBLING
Ein Amerikaner in Europa

BACHSAIBLINGE STAMMEN URSPRÜNGLICH AUS DEN USA UND WURDEN ENDE DES 19. JAHRHUNDERTS IN DEUTSCHEN UND ANDEREN EURO-PÄISCHEN GEWÄSSERN ANGESIEDELT.

Der Bachsaibling gehört wie die Forelle zu den Salmoniden, den Lachsfischen. Von der Forelle unterscheidet er sich durch das weiße Vorderteil seiner Bauch- und Brustflossen. Er liebt kaltes, klares Wasser, fließend oder stehend. Gut zu angeln ist er deshalb beispielsweise in Gebirgsseen. Er ernährt sich von Kleinstlebewesen im Wasser, im Sommer auch von Insekten. Sehr große Exemplare fressen mitunter auch kleine Fische ihrer eigenen Art.

Bachsaiblinge können eine Größe von bis zu 60 cm und ein Gewicht von bis zu 5 kg erreichen. Der Fettgehalt von Bachsaiblingen ist niedriger als jener von Forellen, deshalb schmecken sie besonders gut, wenn sie in Butter gebraten werden. Probieren sollten Sie auch das Marinieren, denn dafür eignet sich

das leichte Saiblingsfleisch sehr gut. In der Gastronomie wird Saibling auch roh als Carpaccio serviert, einen sehr prägnanten Geschmack darf man von diesem Fisch freilich nicht erwarten, wenn er nicht gegart ist. Am besten kommt der Saibling in einem warmen Gericht zur Geltung, gerne auch gedämpft oder geräuchert.

Fangzeit April bis Oktober, regional unterschiedlich

DAS IST *wirklich* WICHTIG

[a] **FRISCHER KNOBLAUCH** Nur Knollen verwenden, Pulver lässt sich schwer dosieren.

[b] **ZITRONENPFEFFER** Es lohnt sich, im Gewürzladen nach Zitronenpfeffer zu fragen, sein Geschmack ist bei aller Schärfe klar und frisch.

SAIBLING IN SENFSAUCE
mit Butter verfeinert

EIN REZEPT VOM LANDE, GEEIGNET ALS FEINER ERSATZ FÜR DEN SONNTAGSBRATEN. DIE SAUCE SCHMECKT AUCH ZU ANDEREN FISCHEN GUT.

Zutaten für 4 Portionen

4 küchenfertige Saiblinge

Salz, Pfeffer aus der Mühle

3 Knoblauchzehen

1 TL Zitronenpfeffer

2 EL süßer Senf

1 TL Zitronensaft

½ Bund glatte Petersilie

100 g Butter

Öl zum Einfetten

6 Schalotten

2 cl Obstler

1 TL Zitronensaft

2 EL Meerrettich aus dem Glas

2 EL Sahne

besonderes Werkzeug
• große ofenfeste Form

Zeitbedarf
• 20 Minuten +
  20 Minuten garen

So geht's

1. Backofen auf 200 °C (Umluft 180 °C) vorheizen. Saiblinge unter kaltem Wasser abspülen, mit Küchenpapier trocken tupfen. Fische innen und außen mit Salz und Pfeffer einreiben.

2. Die Knoblauchzehen schälen und klein schneiden [→ a]. Knoblauch mit Zitronenpfeffer [→ b], Senf und Zitronensaft gut verrühren. Die Petersilie waschen und fein hacken. 50 Gramm Butter schmelzen lassen. Unter die Mischung aus Petersilie, Knoblauch, Senf und Gewürzen rühren.

3. Die Hälfte der Senfpaste in die Bauchöffnung der Saiblinge verteilen. Eine ofenfeste Form, in der alle Fische nebeneinander Platz haben, mit Öl einfetten und die Fische hineinlegen. Im vorgeheizten Ofen 20 Minuten garen, nach 10 Minuten die Fische wenden.

4. Die Schalotten schälen, in Ringe schneiden, beiseitestellen. Die restlichen 50 Gramm Butter in einer Pfanne unter ständigem Rühren bei kleiner Hitze aufschäumen lassen. Die restliche Senfpaste unterrühren. Die Sauce mit Obstler, Zitronensaft, Meerrettich und Sahne abschmecken.

5. Die Form aus dem Ofen nehmen. Die Saiblinge auf Teller anrichten, mit der Sauce begießen und die Schalottenringe darübergeben.

Dazu passen Kopfsalat und Bratkartoffeln.

Die Variante

Saibling in Senf-Apfel-Sauce
Die Senfpaste wie nebenstehend, aber mit nur 1 Knoblauchzehe zubereiten und die Hälfte davon in die Saiblinge füllen. 3 säuerliche Äpfel schälen und klein schneiden. Äpfel in 50 Gramm Butter anbraten, restliche Senfpaste einrühren. Die Sauce mit Apfelsaft abschmecken, auf Meerrettich und Obstler verzichten. Festkochende Kartoffeln schälen, in nicht zu dicke Scheiben schneiden. Backblech mit Backpapier auslegen. Kartoffeln darauflegen und 10 Minuten vor den Fischen in den Ofen schieben.

GEMÜSE-SAIBLING
mit Zucchini und Champignons

EIN REZEPT FÜR EILIGE: DIE SAIBLINGE SIND RASCH GEFÜLLT, GAREN
NUR KURZ IM OFEN UND SCHMECKEN DANN WUNDERBAR WÜRZIG.

Zutaten für 4 Portionen

4 küchenfertige Saiblinge

Salz

weißer Pfeffer aus der Mühle

40 g Schalotten

200 g Zucchini

200 g frische Champignons

12 schwarze Oliven (ohne Stein)

1 Stängel Estragon

50 g Butter

100 g Crème fraîche

Sonnenblumenöl zum Einfetten
und Bestreichen

besonderes Werkzeug
· Rouladenspieße

Zeitbedarf
· 40 Minuten +
  15–20 Minuten garen

So geht's

1. Ofen auf 200 °C (Umluft 180 °C) vorheizen. Saiblinge unter fließendem kaltem Wasser abspülen, mit Küchenpapier trocken tupfen. Die Fische innen und außen mit Salz und Pfeffer einreiben. Schalotten schälen und in kleine Würfel schneiden. Zucchini waschen, oberes und unteres Ende abschneiden. Die Zucchini halbieren und ebenfalls in kleine Würfel schneiden.

2. Champignons putzen: Stiele herausdrehen und wegwerfen, Köpfe mit einem Pinsel säubern. Champignonköpfe und Oliven klein schneiden, Estragon zupfen und hacken.

3. Butter in einer Pfanne heiß werden lassen. Schalotten, Zucchini und Champignons in der Butter anschwitzen. Gehackten Estragon, gehackte Oliven und Crème fraîche dazugeben. Kurz durchrühren.

4. Die Saiblinge mit der Mischung füllen und mit Rouladenspießen verschließen. Ein Backblech mit Sonnenblumenöl gut einfetten. Die Fische auf das Blech legen, mit Sonneblumenöl bestreichen. Das Blech in den Ofen schieben und die Fische 15–20 Minuten garen.

Dazu passen Salzkartoffeln mit frischem Dill und ein Tomatensalat
mit herzhaftem Dressing.

PILZE SÄUBERN Pilze nie mit Wasser abspülen, sie werden dadurch
labberig und verlieren ihr Aroma.

GEBEIZTER SAIBLING
mit Gin-Mayonnaise

IDEAL, UM GÄSTE ZU BEWIRTEN. DIESES GERICHT BENÖTIGT ETWAS VORBEREITUNG, KOMMT DANN ABER SCHNELL AUF DEN TISCH.

Zutaten für 4 Portionen

10 Wacholderbeeren

3 Körner Piment, ersatzweise Pimentpulver

5 schwarze Pfefferkörner

2 TL Salz

1 TL Zucker

4 Saiblingsfilets mit Haut

1 Eigelb

½ TL Zitronensaft

Salz, Pfeffer aus der Mühle

125 ml Walnussöl

3 TL Gin

besonderes Werkzeug
• Pergamentpapier
• 1 dünner Plastikbeutel

Zeitbedarf
• 15 Minuten vorbereiten +
24 Stunden marinieren +
10 Minuten für die Mayonnaise

So geht's

1. Wacholderbeeren mit einem großen, scharfen Messer grob hacken. Mit Piment, Pfeffer, Salz und Zucker in einen Mörser geben und fein zerstoßen.

2. Die Saiblingsfilets mit der Gewürzmischung einreiben. Filets zusammenklappen, fest in Pergamentpapier einwickeln und in einer Plastiktüte verschließen. Die Tüte auf einen großen Teller oder in eine tiefe Form legen, mit einem Brett und Gewichten beschweren und für mind. 24 Stunden in den Kühlschrank stellen. Während dieser Zeit einige Male wenden.

3. Für die Gin-Mayonnaise das Eigelb mit Zitronensaft, Salz und Pfeffer in einer Schüssel mit dem Schneebesen verrühren. Das Öl zunächst tropfenweise, dann in einem dünnen Strahl dazugeben, dabei ständig weiterrühren. Zum Schluss den Gin unterrühren.

4. Vor dem Servieren die marinierten Saiblingsfilets vom Kopf- zum Schwanzende hin mit einem scharfen Messer von der Haut schneiden. Zusammen mit der Mayonnaise servieren.

Dazu frisches Baguette reichen.

MAYONNAISE RÜHREN Die Mayonnaise immer frisch zubereiten. Darauf achten, dass alle Zutaten die gleiche Temperatur haben, also rechtzeitig aus dem Kühlschrank genommen werden.

DAS IST *wirklich* WICHTIG

[a] LIMETTE ABREIBEN Ausschließlich unbehandelte und richtig reife Limetten verwenden. Nur die grüne Schale abreiben, das Weiße schmeckt bitter.

[b] SAUCE RÜHREN Die Sauce muss, wenn die Eigelbe zugefügt sind, ständig gerührt werden, um die Temperatur zu halten.

[b]

MIT DEM STABMIXER GIBT ES ECHTEN SCHAUM

SAIBLING AUS DEM OFEN
mit Limettenschaum

HIER IST DIE SAUCE DER STAR. SIE MACHT AUS DEM SAIBLING EIN VERITABLES FESTESSEN, MIT DEM SIE PUNKTEN KÖNNEN.

Zutaten für 4 Portionen

4 küchenfertige Saiblinge

Salz, weißer Pfeffer

8 Stängel Petersilie

4 Zweige Thymian

4 EL Butter

Für die Sauce

1 kleine Zwiebel

2 Bio-Limetten

½ Bund Estragon

50 g Butter

2 EL Weißweinessig

4 Eigelb

125 ml Weißwein

125 ml Sahne

Salz, Pfeffer aus der Mühle

Worcestersauce

besonderes Werkzeug
• Alufolie
• Stabmixer

Zeitbedarf
• 30 Minuten +
  ca. 25 Minuten garen

So geht's

1. Backofen auf 200 °C (Umluft 180 °C) vorheizen. Saiblinge unter kaltem Wasser abspülen, trocken tupfen. Die Fische innen mit Salz und Pfeffer einreiben. Je 2 Stängel Petersilie und 1 Zweig Thymian in die Bauchhöhlen geben.

2. Auf 4 ausreichend große Stücke Alufolie jeweils 1 EL Butter geben, darauf die Saiblinge legen. Die Folie von allen Seiten einschlagen und gut verschließen. Die Fischpäckchen auf ein Backblech legen und ca. 25 Minuten auf der mittleren Schiene des vorgeheizten Ofens garen.

3. Für die Sauce die Zwiebel schälen und klein schneiden. Eine Limette abreiben [→ a], dann beide Limetten auspressen. Estragon fein hacken.

4. Butter in einem Topf erhitzen, Zwiebel darin glasig anbraten. Estragon kurz mitbraten. Mit Essig ablöschen. Limettenschale und -saft dazugeben. Etwas einkochen lassen. Den Topfinhalt durch ein Sieb in eine Schüssel laufen lassen und durchstreichen. Eigelbe und Wein in die durchgestrichene Flüssigkeit rühren.

5. Die Schüssel in ein Wasserbad stellen. Eigelb und Wein mit dem Stabmixer zu einer Sauce aufschlagen [→ b]. Sahne dazugeben, mit Salz, Pfeffer und Worcestersauce abschmecken. Nochmals aufschlagen, bis die Sauce schäumt.

6. Die Saiblinge aus dem Ofen nehmen, Petersilie und Thymian entfernen. Die Fische auf Teller anrichten und mit Limettenschaum begießen.

Dazu passen Salzkartoffeln und zarte Blattgemüse.

Die Variante

Saibling in Koriandersahne
Die Sauce wie nebenstehend beschrieben zubereiten, aber anstelle des Estragons 2 Stängel Koriander verwenden. Die klein geschnittenen Korianderblätter nicht mitbraten, sondern ganz am Ende zur Sauce geben. Statt mit Worcestersauce mit 1 TL Sojasauce abschmecken.

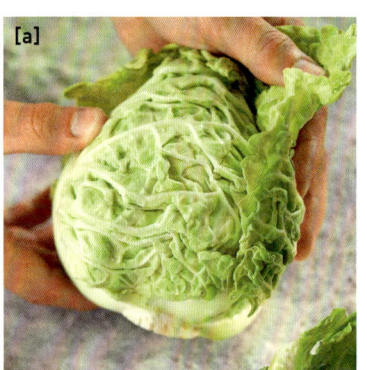

DAS IST *wirklich* WICHTIG

[a] **WIRSING PRÜFEN** Beim Einkauf darauf achten, dass der Wirsing von hellem Grün ist: je heller der Kohl, desto zarter der Geschmack.

[b] **TOMATEN GUT BEHANDELN** Die Tomaten nicht zerkleinern, sondern ganz lassen. Sie platzen dann leicht auf und ihr Geschmack entfaltet sich schön.

[c] **AUF DIE KRABBEN ACHTEN** Frische Krabben verwenden, eingelegte haben oft einen sauren Ton.

[a]

SAIBLING MIT WIRSING
und Schmortomaten

FEINE AROMEN VERBINDEN SICH MIT DEM SATTEN ROTTON DER TOMATEN –
NICHT NUR KULINARISCH, SONDERN AUCH OPTISCH EIN GENUSS.

Zutaten für 4 Portionen

4 küchenfertige Saiblinge

Salz, Pfeffer aus der Mühle

3 EL Mehl

1 kleiner Kopf Wirsing

20 g Butter, ersatzweise
2 EL Olivenöl

2 TL Balsamico-Essig

1 Prise gemahlener
Kreuzkümmel (Cumin)

16 Cherrytomaten (kleine
Strauchtomaten)

Olivenöl zum Beträufeln

4 Knoblauchzehen

50 g Butter zum Braten

4 Zweige Thymian

Salz

weißer Pfeffer aus der
Mühle

100 g Nordseekrabben

Zeitbedarf
• 45 Minuten

So geht's

1. Saiblinge unter fließendem kaltem Wasser abspülen, trocken tupfen. Brust- und Rückenflossen abschneiden. Die Fische salzen und pfeffern, dann in Mehl wenden.

2. Vom Wirsing die äußeren Blätter entfernen [→ a]. Den Kohlkopf vierteln und vom Strunk befreien, dann in ca. 1 cm breite Streifen schneiden. In einer Pfanne 20 g Butter oder 2 EL Olivenöl erhitzen und den Kohl bei mittlerer Hitze ca. 10 Minuten braten. Mehrmals umrühren. Mit Salz, Pfeffer, Balsamico-Essig und Kreuzkümmel abschmecken.

3. Tomaten waschen, abtrocknen und ganz in einen Topf geben [→ b]. Mit Olivenöl beträufeln. Den Topf verschließen und die Tomaten bei geringer Hitze 15 Minuten schmoren lassen.

4. Knoblauch schälen und hacken. 50 g Butter in einer großen Pfanne schmelzen, den gehackten Knoblauch und die Thymianzweige dazugeben. Etwas Salz und weißen Pfeffer zufügen. Die Saiblinge in dieser Mischung bei mittlerer Hitze von jeder Seite 5 Minuten anbraten.

5. Die Fische zusammen mit dem Kohl und den Tomaten anrichten. Zuletzt die kalten Krabben über die Fische streuen [→ c].

Dazu geröstetes Fladenbrot servieren.

Die Variante

Tomaten-Saibling mit Kartoffelstampf
Anstelle des Wirsings 1 kg mehligkochende, aromatische Kartoffeln ca. 40 Minuten garen. Schälen, in einen Topf geben, etwas Olivenöl hinzufügen und mit einem Kartoffelstampfer grob zerkleinern, sodass später noch Stücke zu schmecken sind. Mit Salz, Pfeffer und wenig Muskatnuss würzen. Zuletzt 2 EL fein gehackte grüne Oliven unter die Kartoffeln heben. Keine Krabben verwenden, dafür einen bunt gemischten Salat zum Fisch servieren.

DER FELCHEN
Bekannt als Bodenseefisch

EIN FELCHEN SCHWIMMT SELTEN ALLEINE: IN GROSSEN SCHWÄRMEN ZIEHT DIESER FISCH, VON DEM ES ZAHLREICHE UNTERARTEN GIBT, DURCH DIE SEEN.

Der Felchen, unter anderem auch Renke, Reinanke oder Maräne genannt, gehört zur Gattung der Coregonen und ist ein begehrter Speisefisch. Er besitzt einen silbrig glänzenden, lang gestreckten, seitlich abgeflachten Körper, und seine Schwanzflosse hat eine Kerbe.

Am bekanntesten ist der sogenannte Bodensee-Felchen. Er wird in fast allen Restaurants rund um den See als köstliche Spezialität angeboten, denn er ist fein im Fleisch und besonders wohlschmeckend, ob in Butter gebraten oder mit einer intensiven Sauce als Begleitung. Sein Fettgehalt ist höher als etwa jener der Forelle, weshalb er sich auch gut zum Räuchern eignet.

Weil sie so häufig sind, galten Felchen lange Zeit als die wirtschaftliche Basis der Berufsfischerei auf den mitteleuropäischen Seen. Die veränderte Wasserqualität hat ihre Vorkommen verringert, sodass heute auch Felchen künstlich ausgebrütet und als Jungfische in die Seen gesetzt werden.

Das optimale Wasser für Felchen ist sauber und sauerstoffreich und nicht viel wärmer als 18 °C. Unter solchen Lebensbedingungen können Felchen zwischen 35 und etwa 100 cm groß werden, je nachdem, ob sie sich eher am Grund eines Gewässers oder in höheren Ebenen aufhalten, und abhängig davon, was sie fressen.

Fangzeit Juni und Juli, regional unterschiedlich

FELCHEN MIT KIRSCHEN
und Bandnudeln

EINE RAFFINIERTE ZUBEREITUNG FÜR EINEN FEINEN FISCH. PFEFFER GIBT
DIE WÜRZE, KIRSCHEN SORGEN FÜR FRUCHTIGKEIT.

Zutaten für 4 Portionen

500 g Bandnudeln

2 EL Öl

10 schwarze Pfefferkörner

1 Glas Schattenmorellen

1 TL Speisestärke

3 EL kaltes Wasser

½ Zitrone

400 ml Sahne

Salz, Pfeffer aus der Mühle

4 Felchenfilets (à 200 g)

40 g Mehl

Öl zum Braten

Zeitbedarf

• 35 – 40 Minuten

So geht's

1. Die Bandnudeln in Salzwasser so lange kochen, bis die Hälfte der angegebenen Garzeit erreicht ist. Nudeln abgießen, kurz mit kaltem Wasser abschrecken und wieder in den Topf geben. Deckel auflegen, damit die Nudeln warm bleiben.

2. 1 EL Öl in einer Pfanne erhitzen, die Pfefferkörner dazugeben und kurz heiß werden lassen. Die Schattenmorellen samt Saft hinzufügen. Aufkochen lassen. Die Speisestärke in 3 EL kaltes Wasser einrühren. Diese Mischung zu den Kirschen geben, nochmals aufkochen lassen. Je nach Geschmack salzen.

3. Die Zitrone auspressen. In einem Topf 1 EL Öl erhitzen. Sahne dazugeben, die Nudeln hinzufügen und 3 – 4 Minuten köcheln lassen – die Nudeln sollten nicht zu weich werden. Hitze reduzieren, etwas Zitronensaft zu den Nudeln geben, mit Salz und Pfeffer abschmecken. Nudeln warm stellen.

4. Die Fischfilets kalt abspülen und trocken tupfen, dann salzen und in Mehl wenden. Öl in einer Pfanne heiß werden lassen, Filets von jeder Seite bei mittlerer Hitze ca. 4 Minuten braten. Mit den Nudeln und den Kirschen anrichten.

SO SCHMECKT'S AUCH Anstelle der Kirschen können andere Früchte verwendet werden. Sehr gut schmecken z. B. frische, geschälte Aprikosen (etwas längere Garzeit einrechnen). Wer die italienische Küche liebt und dieses Gericht etwas mediterraner gestalten möchte, lässt die Sahne bei den Bandnudeln weg, kocht sie von vornherein zu Ende und aromatisiert sie nur mit etwas Olivenöl.

FELCHENFILETS
in knuspriger Panade

ES GIBT GERICHTE, DIE VON ALLEM DAS BESTE IN SICH VEREINEN: SIE SIND DEFTIG, ABER NICHT DERB, UND SIE SIND ZART, ABER NICHT LANGWEILIG.

Zutaten für 4 Portionen

4 Felchenfilets (à 200 g)

½ Zitrone

Salz, Pfeffer aus der Mühle

5 EL Mehl

1 Ei

50 g Parmesan

50 g fein gemahlene Mandeln

150 g Semmelbrösel

1 Teelöffel getrockneter Oregano

1 Bio-Zitrone

4 EL Butterschmalz

Zeitbedarf
• 35 Minuten

So geht's

1. Die Felchenfilets kalt abspülen, trocken tupfen. Die halbe Zitrone auspressen. Die Filets mit dem Zitronensaft beträufeln, salzen und pfeffern.

2. Mehl in einen flachen Teller geben. In einem zweiten Teller das Ei verquirlen. Parmesan reiben und mit den Mandeln und den Semmelbröseln in einem dritten Teller mischen. Mit Oregano, Salz und Pfeffer würzen.

3. Die Fischfilets im Mehl wenden, überschüssiges Mehl leicht abklopfen. Die Filets anschließend durch das verquirlte Ei ziehen und in der Parmesan-Panade wenden. Die Panade leicht andrücken, überschüssige Panade abschütteln.

4. Die ganze Zitrone achteln oder schälen und in Scheiben schneiden.

5. Das Butterschmalz in einer großen Pfanne erhitzen. Die Fischfilets bei mittlerer Hitze von jeder Seite 2 Minuten braten. Mit Zitrone servieren.

Als Beilage eignet sich ein Kartoffel-Gurken-Salat. Dazu 1 kg festkochende, geschälte Kartoffeln kochen, abkühlen lassen und in Scheiben schneiden. Mit einer Vinaigrette aus 1 EL hellem Essig und 3 EL Olivenöl marinieren, ca. 15 Minuten ziehen lassen, mit Salz und Pfeffer würzen. Zum Schluss eine geschälte und fein geschnittene Salatgurke unter die Kartoffeln mischen.

FELCHEN-ROULADE
mit Oliven und getrockneten Tomaten

EIN WENIG AUFWAND UND VIEL RAFFINESSE – UND EBENSO FEIN MIT ANDEREN FISCHEN, BEISPIELSWEISE ZANDER.

Zutaten für 4 Portionen

100 g getrocknete Tomaten

1 TL Essig

1 EL Olivenöl

1 Stängel Basilikum

1 Zweig Rosmarin

3 Zweige Thymian

½ Zitrone

1 Schalotte

1 Knoblauchzehe

1 EL Olivenöl + 1 EL Butter

100 g grüne Oliven (ohne Stein)

1 EL Tomatenmark

Salz, Peffer aus der Mühle

4 Felchenfilets ohne Haut

200 ml Fischfond

Olivenöl

besonderes Werkzeug
• Rouladenspieße oder Zahnstocher

Zeitbedarf
• 12 Stunden einweichen +
  30 Minuten + 1 Stunde ruhen +
  10 Minuten garen

So geht's

1. Am Vortag die getrockneten Tomaten in 250 ml Wasser mit Essig, Salz und Öl kurz aufkochen. In ein Sieb abgießen und abtropfen lassen. Die Tomaten in Frischhaltefolie packen und über Nacht im Kühlschrank aufbewahren. Sie werden dadurch schön weich.

2. Basilikum, Rosmarin und Thymian von den Stängeln zupfen und fein schneiden. Zitrone auspressen. Schalotte und Knoblauch schälen, fein würfeln und in Olivenöl und Butter andünsten. Tomaten und Oliven fein hacken. Mit Schalotten, Knoblauch und Kräutern zu einer Paste verrühren. 1–2 EL Zitronensaft und das Tomatenmark dazugeben. Mit Salz und Pfeffer würzen [→ a].

3. Fischfilets kalt abwaschen und trocken tupfen. Dünn mit der Füllung bestreichen und aufrollen. Mit Rouladenspieß oder Zahnstocher fixieren. Zur Sicherheit können die Rouladen zusätzlich noch mit Küchengarn zugebunden werden. Beiseitestellen und ca. 1 Stunde ruhen lassen.

4. Fischfond erwärmen. Rouladen salzen und pfeffern. Olivenöl erhitzen und die Rouladen darin rundherum leicht anbraten. Fischfond zugeben und die Rouladen in ca. 10 Minuten gar dünsten. Dabei einmal wenden.

Dazu schmeckt ein Weißweinrisotto, verfeinert mit einem Pesto aus je 1 Bund Rucola und glatter Petersilie, 1 Knoblauchzehe, 50 g Parmesan und 100 ml Olivenöl, sowie ein kräftiger Riesling.

DAS IST *wirklich* WICHTIG

[a] FÜLLUNG VORBEREITEN Wie die Tomaten kann auch die Füllung für die Rouladen gut am Vorabend vorbereitet und im Kühlschrank aufbewahrt werden.

[a]

FELCHEN MIT BANANE

delikat gegrillt

HIER WIRD DEM FISCH TÜCHTIG EINGEHEIZT, DOCH MIT CREMIG-SÜSSEN
FRÜCHTEN LÄSST ER SICH GERNE BESÄNFTIGEN.

Zutaten für 4 Portionen

4 küchenfertige Felchenfilets
(à 200 g)

2 Limonen

Salz, Pfeffer aus der Mühle

1 kleine rote Chilischote

1 Bund glatte Petersilie

4 sehr reife Bananen

4 EL Butter

8 Scheiben durchwachsener
Speck

besonderes Werkzeug
· Alufolie

Zeitbedarf
· 45 Minuten +
30 Minuten marinieren

So geht's

1. Felchenfilets mit kaltem Wasser abspülen, trocken tupfen. Limonen auspressen. Fischfilets von beiden Seiten großzügig mit Limonensaft säuern, salzen und pfeffern. Abdecken und für 30 Minuten in den Kühlschrank stellen.

2. Backofen auf 220 °C (Umluft 200 °C) vorheizen. Chilischote aufschneiden, entkernen und fein schneiden. Petersilie waschen, zupfen und fein schneiden.

3. Auf der Arbeitsfläche 4 Stücke Alufolie, in denen sich jeweils 1 Fischfilet einschlagen lässt, ausbreiten. Die Bananen schälen, obere und untere Enden abschneiden. Bananen mit einer Gabel zerdrücken.

4. Felchen aus dem Kühlschrank nehmen. Die Folien mit Butter bestreichen. Jeweils 2 Scheiben Speck auflegen, darauf etwas von der Bananenmasse geben.

5. Felchenfilets auf die Speckscheiben legen. Mit Banane bestreichen, darauf Chili und Petersilie verteilen. Die Folien einschlagen und gut verschließen. Die 4 Pakete auf dem Grillrost im vorgeheizten Ofen 15–20 Minuten garen. Während der letzten 5 Minuten die Folien öffnen.

Dazu schmecken Reis und Tomatensalat besonders gut.

SO SCHMECKT'S AUCH Zum Marinieren zusätzlich etwas frischen Koriander
auf die Fische geben, dafür später die Petersilie weglassen.

FELCHENFILETS
mit Zitronenbasilikum

BEI DIESER ZUBEREITUNG GART DER FISCH IN EINER SAUCE, DIE MIT
EINEM BESONDERS WÜRZIGEN KRAUT AROMATISIERT WIRD.

Zutaten für 4 Portionen

4 küchenfertige Felchenfilets
(à 200 g)

2 EL weißer Weinessig

Salz, Pfeffer aus der Mühle

2 kleine Zwiebeln

300 ml Gemüsebrühe oder Fischfond (Rezept siehe Seite 36),
ersatzweise aus dem Glas

1 Bund Zitronenbasilikum

4 EL Öl

2 EL Mehl

300 ml Sahne

2 TL Paprikapulver

Zeitbedarf
· 35 Minuten

So geht's

1. Felchenfilets mit kaltem Wasser abspülen, trocken tupfen. Mit Essig beträufeln, salzen und leicht pfeffern.

2. Zwiebeln schälen und fein hacken. Gemüsebrühe oder Fischfond erhitzen, beiseitestellen. Zitronenbasilikum zupfen und fein schneiden.

3. Öl in einer Pfanne erhitzen. Zwiebeln anschwitzen, Fischfilets zufügen und von jeder Seite 1 Minute braten. Filets aus der Pfanne nehmen und mit Folie abdecken.

4. Mehl in die Pfanne geben, mit einem Schneebesen gut verrühren und gleichzeitig Brühe oder Fischfond zugeben. Kurz aufkochen, Sahne und Paprikapulver hinzufügen.

5. Felchenfilets wieder in die Pfanne geben und 6–7 Minuten garen lassen. Kurz vor Ende der Garzeit das Zitronenbasilikum einstreuen.

Dazu Reis oder kleine neue Kartoffeln servieren.

SO SCHMECKT'S AUCH Die Felchen in der Pfanne ausbraten und mit Salat-Creme servieren. Dazu einen kleinen Kopfsalat waschen und hacken. Mit 1 gehackten Zwiebel in Öl weich schmoren, dann mit 1 EL Sesam-Mus pürieren. Mit Salz, Pfeffer und Zitronensaft abschmecken.

FISCH FILETIEREN
Schritt für Schritt, damit es klappt

WAS AUF DEN ERSTEN BLICK KOMPLIZIERT UND SCHWIERIG AUSSIEHT, GEHT MIT ETWAS GESCHICK UND ÜBUNG LEICHT VON DER HAND.

Sie haben einen ganzen Fisch, benötigen aber Fischfilets? Beispielsweise für ein Gericht, in dem der Fisch in einer Sauce serviert, in Butter gedünstet oder frittiert werden soll? Oder als Basis für die Herstellung einer Mousse oder Terrine?

Die Technik des Filetierens ist im Prinzip bei allen Fischarten gleich. Wer einmal den richtigen Dreh gefunden hat und das geeignete Werkzeug benutzt, kann mit den nachfolgend beschriebenen und auf der gegenüberliegenden Seite im Bild dargestellten Handgriffen alle Arten von Fisch problemlos filetieren. Ein Unterschied besteht lediglich darin, dass man bei Plattfischen (z.B. Scholle, Seezunge) vier Filets schneidet, also von jeder Seite zwei, und bei runden Fischen (z.B. Forelle, Saibling) zwei, von jeder Seite eines. Zudem wird bei Plattfischen die Haut bereits vor dem Filetieren abgezogen (außer wenn sie pochiert werden), während man bei runden Fischen erst die Filets häutet.

Egal, welche Art Fisch Sie filetieren: Wichtig ist vor allem, dass Sie dazu ein scharfes Messer mit langer, biegsamer Klinge benutzen. Diese ist notwendig, damit sich das Messer dem weichen Fleisch des Fisches besser anpassen kann.

RICHTIG SCHNEIDEN

Zum Filetieren eines runden Fisches schneiden Sie am Rückgrat entlang vom Kopf bis zum Schwanz so tief in das Fleisch ein, dass das Rückgrat freigelegt wird [→ a]. Durch einen Schnitt hinter den Kiemen lösen Sie das Filet vom Kopf [→ b]. Trennen Sie nun das Filet von den Gräten, indem Sie es am Kopfende mit der einen Hand festhalten und mit der anderen Hand das Messer mit Druck über die Gräten bis zum Schwanz gleiten lassen [→ c]. Den Fisch wenden und das zweite Filet auf die gleiche Weise von den Gräten trennen.

Zum Entfernen der Haut legen Sie das Filet mit der Hautseite nach unten auf die Arbeitsfläche oder ein Brett. Zuerst lösen Sie am Schwanzende ein Stück von der Haut ab [→ d]. Halten Sie dieses Hautstück mit der einen Hand fest und führen Sie mit der anderen Hand das Messer vorsichtig zwischen Haut und Filet entlang, um die Haut vom Fleisch zu trennen [→ e]. Noch vorhandene Gräten zusammen mit der Bauchflosse entfernen.

[a]

[b]

[c]

[d]

[e]

EINE BASIS KOCHEN
Der Fischfond – eine gute Grundlage

EIN GUTER FOND IST DIE BASIS VIELER FISCHGERICHTE. DURCH KRÄUTER, GEWÜRZE ODER WEIN BEKOMMT ER EINEN NOCH INTENSIVEREN GESCHMACK.

Zutaten für ca. 1 l

1 kg Fischkarkassen (Gräten mit Fleischresten, ohne Köpfe, auch Schalen von Krebsen)

2 EL Öl

¼ l trockener Weißwein

1 l Wasser

80 g Schalotten

50 g Petersilienwurzel

100 g Weißes vom Lauch

50 g Staudensellerie

50 g Champignons

1 Zweig Thymian

5 weiße Pfefferkörner

Zeitbedarf
• 20 Minuten +
  20 Minuten garen

So geht's

1. Die Karkassen ca. 15 Minuten in kaltem Wasser einlegen, auf ein Sieb schütten und abtropfen lassen. Das Öl in einem Topf erhitzen. Die Karkassen kurz andünsten, mit Weißwein ablöschen, aufkochen lassen und mit Wasser auffüllen. Langsam wieder erhitzen.

2. Schalotten schälen und hacken. Petersilienwurzel abschaben und klein schneiden. Lauch und Staudensellerie waschen und klein schneiden. Champignons abreiben und schneiden.

3. Schalotten, Gemüse und Champignons sowie Thymian und Pfefferkörner zum Sud geben und diesen ca. 20 Minuten bei niedriger Hitze köcheln lassen. Den sich bildenden Schaum mehrmals abschöpfen. Den Fischfond durch ein Passiertuch gießen, erkalten lassen und entfetten.

SELBST ZUBEREITET SCHMECKT BESSER Zwar kann man fertige Fischfonds in oft guter Qualität im Delikatessenladen oder im gut sortierten Supermarkt kaufen. Es geht aber nichts über einen selbst frisch zubereiteten Fond. Dessen Herstellung ist gar nicht so schwer und empfiehlt sich vor allem dann, wenn ganze Fische zur Weiterverarbeitung auf dem Küchentisch liegen, weil dann die wichtigste Zutat schon da ist: die Gräten. Fonds halten sich im Kühlschrank etwa eine Woche, man kann sie aber auch in kleinen Portionen einfrieren.

DER AAL
fühlt sich überall wohl

WEGEN SEINES UNVERKENNBAREN GESCHMACKS IST DER AAL SEIT JEHER ÄUSSERST BELIEBT. AUFGRUND SEINES HOHEN FETTGEHALTS WIRD ER ABER AUCH VON VIELEN VERSCHMÄHT.

Der Aal lebt sowohl im Salz- als auch im Süßwasser. Sein Laichplatz befindet sich in der Sargassosee im Atlantischen Ozean zwischen den Westindischen Inseln und den Bermudas. Sind die Jungtiere (pro Weibchen 8–9 Mio. Eier) geschlüpft, schwimmen sie – begünstigt durch den Golfstrom – innerhalb von 3 Jahren an die europäischen Küsten und gelangen von dort ins Süßwasser. Dies geschieht entweder auf natürlichem Weg oder sie werden an den Flussmündungen mit Netzen gefangen und dann in Flüssen, Seen oder Teichen ausgesetzt.

Männliche Aale sind rund 50 cm lang und 200 g schwer, weibliche hingegen wachsen bis zu einer Länge von 150 cm und können bis zu 6 kg an Gewicht zulegen. Die für ihn typische, lang gestreckte Form entwickelt der Aal erst im Lauf seines Lebens.

Wegen seines hohen Fettgehalts wird der Aal von vielen gemieden. Ein Tipp: Durch sachgerechtes Entfernen der Haut vor dem Verzehr entledigt man sich eines Großteils des Fetts. Der lange Fisch, der wegen der vielen ihn durchziehenden Nervenstränge auch nach dem Schlachten noch zucken und einem einen gehörigen Schrecken einjagen kann, eignet sich für verschiedenste Zubereitungsarten. Am häufigsten wird er geräuchert oder gebraten.

Fangzeit ganzjährig

AAL GRÜN
mit gartenfrischen Kräutern

EIN KLASSISCHES REZEPT FÜR DIESEN FISCH. ERST GART DER AAL IM SUD, DANN DARF ER EIN BAD IN EINER FEINEN SAUCE GENIESSEN.

Zutaten für 4 Portionen

1 küchenfertiger Aal (ca. 800 g)

1 Zitrone

1 Bund Dill

1 Bund Petersilie

1 Zwiebel

1 Möhre

Öl zum Anschwitzen

200 ml Weißwein

375 ml Wasser

2 Lorbeerblätter

½ TL Pfefferkörner

4 Wacholderbeeren

Salz, Pfeffer aus der Mühle

½ TL Zucker

1 Eigelb

60 ml Sahne

30 g Butter

2 EL Mehl

Zeitbedarf
• 45 Minuten +
  45 Minuten marinieren und garen

So geht's

1. Aal waschen, in Würfel schneiden (Gulasch-Format) und in eine Schüssel geben [→a]. Zitrone auspressen. Den Fisch mit Zitronensaft beträufeln (etwas Saft für die Sauce übrig lassen), abdecken und 15 Minuten ziehen lassen. Dill und Petersilie hacken, beiseitestellen.

2. Zwiebel schälen und hacken, Möhre schälen und klein schneiden. Zwiebel und Möhre in einem großen Topf in Öl anschwitzen. Wein und Wasser angießen, Lorbeerblätter, Pfefferkörner und Wacholderbeeren zufügen. Aufkochen, Hitze reduzieren und 10 Minuten köcheln lassen. Den Sud durch ein Sieb in ein zweites Gefäß gießen, mit Salz, Pfeffer und Zucker abschmecken.

3. Die Flüssigkeit wieder in den Topf geben und bei geringer Hitze leicht simmern lassen. Den Aal dazugeben und 30 Minuten gar ziehen lassen [→ b]. Dann herausnehmen und mit Folie abdecken. Den Sud nicht weggießen!

4. Eigelb und Sahne verquirlen, beiseitestellen. Butter in einem Topf erhitzen, 1 EL Mehl dazugeben und mit dem Schneebesen glatt rühren. Nun abwechselnd Fischsud und Mehl in den Topf geben. Dabei ständig rühren und leicht kochen lassen, bis die Masse glatt ist. Zum Schluss Eigelb und Sahne zufügen und wieder glatt rühren.

5. Die gehackten Kräuter in die Sauce geben. Mit Pfeffer und Zitronensaft abschmecken [→ c]. Den Fisch in die Sauce geben und servieren.

Als Beilage eignen sich Salzkartoffeln, aber auch Reis.

SO ZIEHT DER AAL IM FOND UND KOCHT NICHT

[b]

DAS IST *wirklich* WICHTIG

[a] **LEBENDER AAL** Unbedingt darauf achten, das der Aal noch lebt, wenn Sie zum Fischhändler kommen. Bei vorgeschlachtetem Aal kann es passieren, dass er beim Garen nicht die typische Farbe bekommt.

[b] **FISCH ZIEHEN LASSEN** Aufpassen, dass der Aal im Fond wirklich nur zieht, nicht kocht. Er zerfällt sonst oder wird zäh.

[c] **SAUCE KOCHEN** Wenn die Sauce zu fest erscheint, etwas Weißwein nachgießen, ist sie zu flüssig, noch etwas Mehl zugeben. Nach dem Abschmecken mit Zitronensaft die Sauce nicht mehr kochen lassen, sonst gerinnt sie.

CREMESUPPE
mit Räucheraal und Sauerkraut

EIN WÄRMENDER EINTOPF, DEM SAUERKRAUT DIE WÜRZE GIBT UND DER
SICH AUCH MIT ANDEREN FETTHALTIGEN FISCHEN ZUBEREITEN LÄSST.

Zutaten für 4 Portionen

2 Schalotten

50 g durchwachsener Speck

2 Stangen Lauch

250 g Kartoffeln

Öl zum Andünsten

300 g rohes Sauerkraut

¾ l Brühe aus vegetarischer
Paste (Reformhaus)

125 g Räucheraal-Filet

einige Stängel glatte Petersilie

¼ l Sahne

Salz, Pfeffer aus der Mühle

Muskatnuss

besonderes Werkzeug
• Stabmixer

Zeitbedarf
• 45 Minuten

So geht's

1. Schalotten schälen und hacken. Speck fein würfeln. Vom Lauch
   den grünen Teil abschneiden. Die weißen Stangen halbieren, unter
   fließendem Wasser abbrausen, dann in halbe Ringe schneiden.
   Die Kartoffeln schälen und in kleine Würfel schneiden.

2. Das Öl in einem Topf erhitzen, Schalotten darin andünsten. Sauerkraut, Lauch und Kartoffeln dazugeben. Alles kurz anschwitzen, mit
   Brühe auffüllen und 30 Minuten köcheln lassen.

3. Den Aal in schmale Streifen schneiden, Petersilie grob zupfen.
   Beides beiseitestellen.

4. Die Suppe mit einem Stabmixer pürieren. Sahne zugeben, noch
   einmal kurz aufkochen lassen. Mit Salz, Pfeffer und etwas geriebener Muskatnuss würzen.

5. Die geschnittenen Aalfilets in Suppentassen verteilen, mit Suppe
   auffüllen und mit der gezupften Petersilie garnieren.

Zu dieser Suppe passt kräftiges dunkles Brot. Einen Versuch wert ist
auch gerösteter Pumpernickel.

SO SCHMECKT'S AUCH Die Suppe schmeckt zarter, wenn man sie statt mit
Aal mit geräucherter Lachsforelle zubereitet. Dazu knuspriges Weißbrot
servieren. Statt Petersilie kann man auch fein geschnittenen Schnittlauch
verwenden. Ein Glas Champagner oder trockener Rieslingsekt schmeckt
zu beiden Varianten.

RÜHREI MIT RÄUCHERAAL
und frischen Kräutern

EIN KLASSIKER: GEHT SCHNELL, SCHMECKT HIMMLISCH. UND PASST NICHT NUR
ZU EINEM LUXURIÖSEN SONNTAGSFRÜHSTÜCK – ABER DA BESONDERS GUT.

Zutaten für 4 Portionen

150 g geräucherter Aal

½ Bund frischer Dill

½ Bund frischer Schnittlauch

6 Eier

100 ml Milch

Salz, Pfeffer aus der Mühle

1 EL Margarine oder Butter

Zeitbedarf
• 20 Minuten

So geht's

1. Den Aal abziehen, mit einer Pinzette die Gräten herausziehen.
   Den Fisch in feine Streifen schneiden.

2. Kräuter waschen und fein hacken. Eier und Milch verschlagen –
   es darf ruhig ein bisschen schäumen. Mit Salz und Pfeffer würzen.

3. Margarine oder Butter in einer Pfanne heiß werden lassen. Die
   Eiermasse hineingeben. Langsam stocken lassen, dabei vorsichtig
   mit einem Holzlöffel hin und her bewegen. Das Ei nicht zerrühren,
   es muss großflockig sein.

4. Bevor die Masse fest ist, den Räucheraal darauf verteilen. Danach
   die Pfanne noch kurz auf dem ausgeschalteten Herd stehen lassen.
   Das Rührei mit Dill und Schnittlauch bestreuen.

Als Beilage passen grüner Salat und Weißbrot oder Bratkartoffeln.
Wer Fett sparen möchte, serviert Ofenkartoffeln dazu.

SO SCHMECKT'S AUCH Mit Sahne anstatt Milch wird das Rührei noch etwas
eleganter, mit einem Schuss kohlensäurehaltigem Mineralwasser noch
weicher. Mit Lachs anstelle von Aal schmeckt das Rührei ebenfalls sehr gut,
in diesem Fall aber den Dill weglassen.

DAS IST *wirklich* WICHTIG

[a] GEMÜSE ANRÖSTEN Keine dunklen Stellen entstehen lassen, damit keine Bitterstoffe in die Sauce übergehen.

[b] AAL VORBEREITEN Den Aal vor dem Braten in Mehl wenden, dann behält er seine Konsistenz.

[c] FLAMBIEREN Keine Angst vor dem Flambieren: Der Alkohol verbrennt, dem Fisch kann dabei nichts passieren.

AAL FLAMBIERT
mit kräftiger Specksauce

SO SOLLEN DIE MATROSEN DEN AAL GERNE ESSEN. ABER AUCH LANDRATTEN
MÖGEN DIESES SCHMACKHAFTE GERICHT.

Zutaten für 4 Portionen

1 ganzer Aal (ca. 800 g)

2 Zwiebeln

1 große Möhre

50 g durchwachsener Speck

½ l trockener Rotwein

½ l trockener Weißwein

Salz, Pfeffer aus der Mühle

2 Lorbeerblätter

1 Nelke

Mehl zum Wenden

Butter zum Anbraten

10 ml Cognac

½ Bund frische Petersilie

5 EL Butter für die Sauce

besonderes Werkzeug
• Stabmixer

Zeitbedarf
• 1¼ Stunden +
  ca. 1¼ Stunden garen

So geht's

1. Den Aal häuten, Kopf abtrennen, Flossen entfernen. Kopf, Schwanz und Flossen beiseitestellen, sie werden für den Fond gebraucht. Aalfleisch in Stücke schneiden, kalt stellen.

2. Zwiebeln schälen und hacken. Möhre schälen und in kleine Würfel schneiden. Speck würfeln. In einem großen Topf Zwiebeln, Möhre und Speck anrösten [→ a]. Aalkopf, Schwanz und Flossen dazugeben, umrühren. Den Wein zugießen, mit Salz und Pfeffer würzen, Lorbeerblätter und Nelke hinzufügen. Den Topf verschließen und das Ganze 1 Stunde lang leicht kochen lassen. Bei Bedarf noch etwas Weiß- und Rotwein nachfüllen.

3. Nach 1 Stunde den Sud durch ein Sieb abgießen. Den Ofen auf 200 °C (Umluft 180 °C) vorheizen.

4. Die Aalstücke mit Salz und Pfeffer würzen und in Mehl wenden [→ b]. Überschüssiges Mehl abklopfen. Die Butter in einem Topf oder Bräter erhitzen und den Fisch darin von allen Seiten anbraten. Mit dem Cognac übergießen und anzünden [→ c]. Von dem passierten Sud so viel zugießen, dass der Fisch gut bedeckt ist. Im Ofen 12 – 15 Minuten garen lassen.

5. Petersilie waschen und hacken. Topf aus dem Ofen nehmen, den Fisch herausheben und mit Folie bedecken, damit er nicht auskühlt. Sauce noch einmal durch ein Sieb streichen, Butter in kleinen Stücken dazugeben, sehr heiß werden lassen, aber nicht mehr kochen. Mit einem Stabmixer kurz durchrühren.

6. Den Aal in eine Schüssel anrichten und die Sauce darübergeben. Mit der Petersilie bestreuen.

Als Beilage passen Bratkartoffeln.

DER FLUSSBARSCH
Stachelig und bunt

DER BARSCH, AM BODENSEE, IN DER SCHWEIZ UND IN ÖSTERREICH AUCH ALS EGLI BEKANNT, IST EIN FARBINTENSIVER RAUBFISCH.

Er zählt zu den beliebtesten Speisefischen. Schon die Römer haben den Flussbarsch als Delikatesse geschätzt. Sein Fleisch ist fest, mager, grätenarm und überaus schmackhaft. Seine Bauch- und Rückenflosse sind rötlich, sein Körper ist grünlich und hat meistens schwarze Streifen.

Der Flussbarsch, der überall in Europa gefangen wird und sich im Süßwasser wohlfühlt, kann bis zu 3 kg schwer und 40 cm lang werden. Sein maximales Alter liegt bei 12 Jahren. Er lebt sowohl in fließenden als auch in stehenden Gewässern, allerdings muss die Wasserqualität stimmen. Klare Gewässer ohne starke Strömungen sowie Buchten und Ufer mit Pflanzenbewuchs sind der bevorzugte Lebensraum dieses Fisches.

Ein besonderes Merkmal der Barsche sind ihre kleinen, panzerartigen Schuppen, die vor der Zubereitung entfernt werden müssen. Hantieren Sie vorsichtig mit dem Messer oder benutzen Sie ein Reibeisen, mit dem sich die fest sitzenden Schuppen relativ problemlos entfernen lassen. Typisch für den Barsch ist auch seine geteilte Rückenflosse, die mit spitzen, harten Stacheln besetzt ist. Achten Sie deshalb besonders auf diese Rückenflosse, denn Verletzungen können zu unangenehmen Wunden führen.

Kleinere Exemplare des Flussbarschs sollten vor der Zubereitung am besten filetiert werden (siehe Seite 34), die größeren Vertreter können auch als ganze Fische im Backofen gegart werden.

Fangzeit Ganzjährig, regional unterschiedlich

GEBRATENER BARSCH
mit Tomaten-Risotto

ZARTER FISCH, CREMIGER REIS, SÜSSE TOMATEN: EINE WUNDERBARE
MISCHUNG. AUSPROBIEREN LOHNT SICH.

Zutaten für 4 Portionen

4 Barschfilets (à ca. 150 g)

Salz, Pfeffer aus der Mühle

2 Zwiebeln

20 g Butter

250 g Risottoreis

1 ½ l Fischfond (Rezept siehe
Seite 36), ersatzweise aus dem
Glas

1 Dose geschälte Tomaten
(Abtropfgewicht 240 g)

100 ml Orangensaft

50 ml Weißwein

Salz

weißer Pfeffer aus der Mühle

Zucker

5 EL Butter + 1 EL Öl zum Braten

evtl. etwas Blattpetersilie zum
Garnieren

Zeitbedarf
• 1 Stunde

So geht's

1. Die Barschfilets unter kaltem Wasser abspülen, trocken tupfen.
   Mit Salz und Pfeffer einreiben.

2. Zwiebeln schälen und fein hacken. Butter in einem Topf erhitzen,
   Zwiebeln darin anschwitzen. Reis dazugeben und bei mittlerer
   Hitze glasig werden lassen [→ a]. Kalten Fischfond angießen. Bei
   mittlerer Hitze unter Rühren 20 Minuten köcheln lassen.

3. Die Tomaten aus der Dose nehmen, von Hand leicht ausdrücken,
   sodass sie den Großteil ihrer Kerne verlieren. Grob hacken, mit
   Orangensaft, Weißwein und dem Sud aus der Dose zum Risotto geben. Weitere 10 Minuten köcheln lassen. Mit Salz, Pfeffer und
   wenig Zucker abschmecken. Topf vom Feuer nehmen und schlie-
   ßen, damit der Reis warm bleibt; er hält seine Temperatur bis zu
   40 Minuten.

4. Butter in einer Pfanne erhitzen, das Öl hinzufügen [→ b]. Die Barschfilets auf beiden Seiten jeweils 2 – 3 Minuten scharf anbraten.

5. Risotto in eine Form anrichten, die Barschfilets darauflegen. Nach
   Geschmack mit gezupfter Petersilie garnieren.

Dazu Kopfsalat an einer milden Weißwein-Vinaigrette reichen.

DAS IST *wirklich* WICHTIG

[a] **GUTER RISOTTO** Beim Risotto-reis auf die Qualität achten, also keinen für Milchreis ausgewiesenen Reis verwenden, da dieser beim Kochen meistens zu weich wird.

[b] **BUTTER UND ÖL** Die Mischung beider Fette in der Pfanne bewirkt, dass die Butter nicht verbrennt, wenn sie heiß wird. Damit der feine Buttergeschmack nicht verloren geht, kein Olivenöl, sondern lieber ein geschmacksneutrales Öl, z. B. Sonnenblumenöl, verwenden.

DAS IST *wirklich* WICHTIG

[a] MANDELN BRATEN Sobald die Mandeln in der Butter sind, sofort die Hitze reduzieren, sie verbrennen sonst sehr schnell.

BARSCH MIT MANDELBUTTER
und Erbsenpüree

ÜPPIG, KLASSISCH UND SEHR, SEHR LECKER: VON DIESEM ESSEN
BLEIBT GARANTIERT KEIN KRÜMEL ÜBRIG.

Zutaten für 4 Portionen

4 Barschfilets (à ca. 150 g)

Salz, Pfeffer aus der Mühle

1 ½ Bio-Zitronen

6 – 7 EL Butter zum Braten

4 EL Butter für die Sauce

150 g Mandelblättchen

Für das Erbsenpüree

150 ml Wasser

300 g tiefgekühlte junge
Erbsen

1 TL Zucker

1 TL Sonnenblumenöl

Salz

Zeitbedarf
• 30 Minuten

So geht's

1. Die Barschfilets unter kaltem Wasser abspülen,
   trocken tupfen. Mit Salz und Pfeffer einreiben.

2. Die halbe Zitrone auspressen, die ganze Zitrone
   schälen und in Scheiben schneiden.

3. 6 – 7 EL Butter in einer Bratpfanne schmelzen
   lassen. Fischfilets bei niedriger Hitze je nach
   Dicke von jeder Seite 3 – 5 Minuten braten. Filets
   aus der Pfanne nehmen, mit Folie bedecken oder
   im Backofen warm stellen (150 °C, Umluft 120 °C).

4. Für das Erbsenpüree das Wasser aufkochen.
   Erbsen und Zucker hineingeben, 3 Minuten kochen
   und weitere 5 Minuten simmern lassen. Mit dem
   Stabmixer pürieren, das Sonnenblumenöl hinzufügen. Mit Salz abschmecken.

5. In der Bratpfanne 3 EL Butter schmelzen lassen.
   Die Mandelblättchen hinzufügen und leicht bräunen lassen (Butter darf nicht braun werden) [→ a].
   Mandeln herausnehmen. Nochmals 1 EL Butter
   in die Pfanne geben und heiß werden lassen. Mit
   dem Zitronensaft ablöschen und mit Salz und
   Pfeffer abschmecken.

6. Fischfilets auf Teller anrichten. Jeweils 1 – 2 EL
   Sauce über die Filets geben. Mit Mandeln be-
   streuen und mit den Zitronenscheiben und dem
   Erbsenpüree servieren.

Anstelle des Erbsenpürees passt als Beilage auch
gemischter Reis (Reis mit einem Anteil Wildreis).

Die Variante

Gebratener Barsch mit Feldsalat
Für den Feldsalat eine
Vinaigrette aus 3 EL bestem
Olivenöl, 1 EL Zitronensaft,
1 kleinen, sehr fein gewür-
felten Zwiebel, ½ TL Senf
und ½ TL Apfelgelee her-
stellen. 200 g geputzten
Feldsalat nochmals abbrausen und in einem Küchen-
tuch trocken schleudern.
Mit der Vinaigrette gut vermischen. Die Fischfilets wie
nebenstehend angegeben
zubereiten, aber auf die
Mandeln verzichten. Mit
dem Feldsalat und hellem
Bauernbrot servieren.

GEFÜLLTE BARSCHFILETS
mit aromatischen Kräutern

EIN SOMMERLICHER FISCHGENUSS. DIESELBE ZUBEREITUNG
EIGNET SICH AUCH FÜR FORELLEN AUSGEZEICHNET.

Zutaten für 4 Portionen

8 Barschfilets (à 150 g)
Salz, Pfeffer aus der Mühle
1 Bio-Zitrone
3 Stängel glatte Petersilie
3 Stängel Basilikum
3 Zweige Salbei
3 Zweige Thymian
40 g Parmesan
1 Scheibe Weißrot (ca. 20 g)
1 EL Semmelbrösel
125 ml Sahne
50 g Mehl
50 g Butter
Salz, Pfeffer aus der Mühle

besonderes Werkzeug
• Rouladenspieße oder
  Zahnstocher

Zeitbedarf
• 30 Minuten +
  30 Minuten kühlen

So geht's

1. Barschfilets unter kaltem Wasser abspülen, trocken tupfen. Fisch mit Salz und Pfeffer würzen. Zitronenschale abreiben. Die Filets nebeneinander in ein Gefäß legen. Die abgeriebene Zitronenschale über die Filets streuen.

2. Die Kräuter von den Stängeln zupfen und fein hacken. Alle Kräuter mischen und 1 EL der Mischung auf die Fischfilets streuen. Das Gefäß abdecken und für ca. 30 Minuten in den Kühlschrank stellen.

3. Parmesan reiben [→ a], Weißbrot zerpflücken. Mit den restlichen Kräutern und den Semmelbröseln in eine Schüssel geben. Mit Sahne, Salz und Pfeffer zu einer feuchten Masse vermischen und 5 Minuten durchziehen lassen [→ b].

4. Fischfilets aus dem Kühlschrank holen. Vier Filets auf der Bauchseite mit jeweils einem Viertel der Kräutermasse bestreichen. Die anderen Filets mit der Bauchseite nach innen darüberlegen. Mit Rouladenspießen oder Zahnstochern zusammenstecken [→ c].

5. Das Mehl auf einen Teller geben, die gefüllten Filets darin wenden. Die Butter in einer Pfanne zerlaufen lassen und die Fisch-Päckchen von jeder Seite 3–5 Minuten braten. Aus der Pfanne nehmen. Die Rouladenspieße entfernen und die Päckchen auf Teller anrichten.

Dazu passen Pellkartoffeln und Salat.

SO SCHMECKT'S AUCH Bei den Kräutern können Sie nach Belieben variieren. Abgesehen von Dill und Minze passt geschmacklich fast alles. Probieren Sie auch eher seltene Sorten wie etwa Giersch. Ein besonderer Tipp ist Zitronenmelisse.

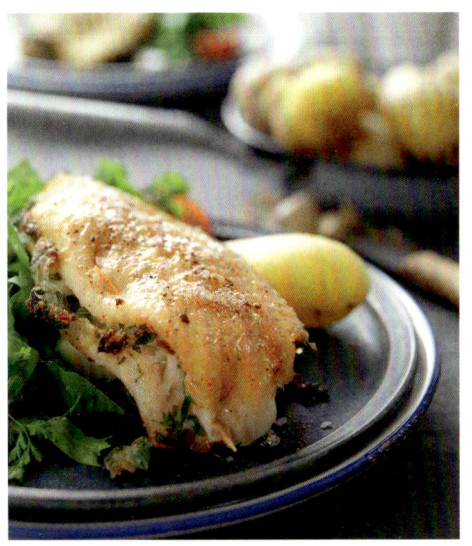

DAS IST *wirklich* WICHTIG

....

[a] AROMATISCHER KÄSE Beim Einkauf nach gereiftem Parmesan fragen: je älter, desto ausgeprägter sein Aroma.

[b] KRÄUTERMASSE Darauf achten, dass die Kräutermischung durch die Sahne nicht zu flüssig wird. Falls nötig etwas mehr Semmelbrösel verwenden.

[c] FISCHE VERSCHLIESSEN Die Fischfilets sorgfältig zusammenstecken, damit die Füllung beim Braten nicht austritt. Sollte dies doch passieren, die ausgetretene Füllung in der Pfanne mit 2 TL Crème fraîche und 1 TL Noilly Prat (trockener Wermut) vermischen, kurz aufkochen lassen und über die angerichteten Fische träufeln.

[c]

BARSCHFILETS
mit Orangen-Chicorée

KEINE ANGST VOR CHICORÉE: WENN MAN DIESES FEINE GEMÜSE RICHTIG
BEHANDELT, SCHMECKT ES ÜBERHAUPT NICHT BITTER.

Zutaten für 4 Portionen

4 Barschfilets (à 150 g)

80 g Butter

Salz

1 Bio-Orange

500 g Chicorée

Pfeffer aus der Mühle

Zucker

3 – 4 EL Crème fraîche

glatte Petersilie zum Garnieren

Zeitbedarf
• 45 Minuten

So geht's

1. Den Ofen auf 150 °C (Umluft 120 °C) vorheizen. Die Barschfilets unter fließendem kaltem Wasser abspülen, trocken tupfen. Die Hälfte der Butter in einer Pfanne erhitzen, bis sie schäumt. Die Fischfilets hineingeben und von jeder Seite 30 Sekunden braten. Mit Salz würzen, auf eine Platte legen und im Ofen warm halten.

2. Orangenschale abreiben, Orange auspressen. Den Chicorée heiß abspülen und halbieren. Mit einem spitzen Messer den bitteren Kern keilförmig herausschneiden. Die großen Chicoréeblätter in Streifen schneiden, die kleinen ganz lassen.

3. Restliche Butter erhitzen und den Chicorée unter Wenden darin anbraten. Mit Orangensaft ablöschen und kurz dünsten. Mit Orangenschale, Salz, Zucker und Pfeffer würzen und ohne Deckel dünsten, bis fast die gesamte Flüssigkeit verdampft ist. Crème fraîche unterrühren.

4. Fisch aus dem Ofen nehmen. Ausgetretenen Fischsaft unter den Chicorée rühren. Gemüse nochmals erhitzen und abschmecken. Chicorée auf eine Servierplatte geben und die Barschfilets darauf anrichten. Mit gezupfter Petersilie garnieren.

Dazu passen kurze Nudeln oder Bratkartoffeln.

SO SCHMECKT'S AUCH Chicorée ist ein Saisongemüse, das nur bis ins Frühjahr auf dem Markt ist. Verwenden Sie stattdessen auch einmal Chinakohl, den es das ganze Jahr über gibt. Besonders gut schmeckt der Barsch auch mit jungem Sommerwirsing. Beide Gemüse werden wie der Chicorée in Butter angedünstet und mit der Orangensauce verfeinert.

SAURER BARSCH
mit brauner Butter

ERST WIRD ER EINGELEGT, DANN MUSS ER RUHEN. UND SPÄTER MUSS
DER BARSCH DANN NUR NOCH GANZ KURZ GEBRATEN WERDEN.

Zutaten für 4 Portionen

4 Barschfilets (à 150 g)

50 ml Weißwein

50 g Mehl

Salz, Pfeffer aus der Mühle

100 ml Sonnenblumenöl

50 g Butter

1 Zitrone

Zeitbedarf

· 30 Minuten +
  1 Stunde marinieren

So geht's

1. Die Barschfilets unter kaltem Wasser abspülen, trocken tupfen.
   Dann in eine Form legen und mit dem Wein begießen. Die Form mit
   Folie abdecken und die Filets ca. 1 Stunde im Kühlschrank ziehen
   lassen.

2. Das Mehl in einen Teller geben. Die Fischfilets aus der Marinade
   nehmen, abtropfen lassen und mit Küchenpapier trocken tupfen.
   Mit Salz und Pfeffer würzen und im Mehl wenden. Überschüssiges
   Mehl abklopfen.

3. Das Öl in einer Pfanne heiß werden lassen. Die Fischfilets auf jeder Seite ca. 3 Minuten goldgelb braten. Den Fisch aus der Pfanne
   nehmen und mit Alufolie abdecken. In derselben Pfanne die Butter erhitzen und hellbraun-schaumig werden lassen (Pfanne zuvor
   nicht auswaschen, der Fischansatz verleiht der Butter ein noch
   besseres Aroma).

4. Die Barschfilets auf Teller anrichten und mit der braunen Butter
   begießen.

Als Beilage eignen sich neue Kartoffeln oder Kartoffelstampf (Rezept
siehe Seite 25, Oliven weglassen) und Gurkensalat.

DER FLUSSKREBS
schwimmt gut im Sud

LANGE JAHRE WAR ER EINE EBENSO EDLE WIE RARE DELIKATESSE.
HEUTE IST DER SÜSSWASSERKREBS WIEDER SEHR WEIT VERBREITET.

Flusskrebse erinnern wie alle Vertreter ihrer Gattung äußerlich an einen Hummer. Ihr Körper ist gedrungen und die Farbe ihres Panzers variiert von mittelbraun bis blauschwarz, erst im kochenden Wasser verfärben sie sich rot. Die Unterseite der Scheren und die Gelenke haben jedoch schon beim lebenden Krebs eine rote Färbung.

Gefangen werden die Flusskrebse im Alter von ca. 5 Jahren, wenn sie eine Größe von 15–20 cm und ein Gewicht von ca. 150 g erlangt haben.

Das Fleisch des Flusskrebses eignet sich hervorragend als Ragout, zur Herstellung von Krebsbutter oder als Zutat in Salaten. Im Ganzen schmecken die Krebse besonders gut, wenn man sie in einem Sud zubereitet, dem je nach Jahreszeit unterschiedliche Kräuter und Gemüse beigemischt sind.

Ein mineralischer Riesling von der Mosel passt zu den meisten Flusskrebs-Gerichten wunderbar; zu einem Flusskrebs-Cocktail sollten Sie aber auch einmal einen edelsüßen Wein probieren.

Fangzeit Mai bis September, regional unterschiedlich

FLUSSKREBS-COCKTAIL
mit Äpfeln und Ananas

EINE HAUSGEMACHTE KÖSTLICHKEIT, DER KAUM JEMAND WIDERSTEHEN KANN.
BEIM OBST KÖNNEN SIE NACH BELIEBEN VARIIEREN.

Zutaten für 4 Portionen

1 Zitrone

½ Bund Dill

1 Eigelb

Salz, Pfeffer aus der Mühle

125 ml Sonnenblumenöl

3 EL Bio-Tomatenketchup

2 EL Cognac

3 Spritzer Tabasco

1 TL Zucker

1 kleine rote Zwiebel

¼ frische, geschälte Ananas
(ersatzweise 3 Scheiben unge-
zuckerte Ananas aus der Dose)

1 mittelgroßer Apfel

300 g gekochte, geschälte
Flusskrebse

Zeitbedarf
• 20 Minuten

So geht's

1. Die Zitrone auspressen und den Dill hacken (etwas Dill zum Garnieren übrig behalten). Eigelb mit 1 EL Zitronensaft, Salz und
Pfeffer verrühren. Das Öl zunächst tropfenweise, dann in einem
dünnen Strahl dazugeben, dabei unablässig mit dem Schneebesen
rühren. Wenn die Masse glatt ist, Ketchup, Cognac, Tabasco, Zucker und nach Geschmack nochmals 1 TL Zitronensaft hinzufügen
und alles zu einer Cocktailsauce vermengen. Mit Salz und Pfeffer
abschmecken, den gehackten Dill einstreuen.

2. Zwiebel schälen und in sehr feine Würfel schneiden. Vorsichtig
unter die Cocktailsauce ziehen. Die Ananas klein schneiden. Den
Apfel schälen, vierteln, entkernen und in kleine Würfel schneiden.
Das Obst unter die Sauce heben **[→ a]**.

3. Zum Schluss die Flusskrebse unterheben. Den Cocktail in Schalen
anrichten und mit Dill garnieren. Statt in Schalen kann der Cocktail
auch auf Toastbrot oder, noch besser, auf geröstetem Graubrot
serviert werden, etwa als aparte Kleinigkeit für Gäste zum Aperitif.

SO SCHMECKT'S AUCH Probieren Sie auch einmal eine Variante mit Krabben statt Flusskrebsen. Oder servieren Sie die Sauce zu geräucherten
Forellenfilets. In diesem Fall das Obst weglassen. Eine weitere Möglichkeit:
Die Mayonnaise ohne Ketchup zubereiten und dafür eine Handvoll Erd-
beeren mit etwas Zucker kurz aufkochen, pürieren und zur Sauce geben.
Mit etwas Meerrettich aus dem Glas abschmecken. Passt zu hellem,
geräuchertem Fisch.

DAS IST *wirklich* WICHTIG

[a] RICHTIG RÜHREN Der Fluss-krebs-Cocktail lebt von den verschiedenen Konsistenzen: Die Sauce soll geschmeidig sein, das Obst muss noch Biss haben. Deshalb beim Vermengen der Zutaten Sorgfalt walten lassen. Die Mayonnaise mit Gewürzen und Kräutern kräftig rühren, alles andere nur noch leicht unterheben.

[a]

MELONENSUPPE MIT KREBSEN
eiskalt serviert

HIER SCHWIMMEN DIE KREBSE IN EINER FRUCHTIGEN SUPPE – EINE SCHÖNE VORSPEISE AN EINEM LAUEN SOMMERABEND.

Zutaten für 4 Portionen

2 Charentais-Melonen

1 Limette

¼ l weißer Portwein

Salz, Pfeffer aus der Mühle

4 Stängel Basilikum

2 Stängel Minze

16 gekochte, geschälte Flusskrebse

besonderes Werkzeug
• Stabmixer
• Kugelausstecher

Zeitbedarf
• 20 Minuten +
  2 Stunden kühlen

So geht's

1. Die Melonen heiß abwaschen, trocken reiben. Halbieren, die Kerne samt faserigem Fruchtfleisch mit einem Löffel herausschaben.

2. Mit einem kleinen Kugelausstecher 20 Kugeln aus dem Fruchtfleisch ausstechen. Die Kugeln abgedeckt in den Kühlschrank stellen. Restliches Fruchtfleisch aus den Melonen kratzen [→ a]. Die Schale nicht verletzen, denn die ausgehöhlten Melonenhälften sollen später als Suppentassen dienen.

3. Von den ausgehöhlten Melonenhälften unten eine dünne Scheibe abschneiden, sodass sie stehen können, und sie dann für 2 Stunden ins Gefrierfach stellen.

4. Limette auspressen. Das ausgekratzte Melonenfleisch mit dem Stabmixer pürieren. Mit Portwein, Limettensaft, Salz und Pfeffer kräftig abschmecken. Basilikum und Minze zupfen und in feine Streifen schneiden. Zur Melonensuppe geben, diese gut durchrühren und für mind. 2 Stunden in den Kühlschrank stellen.

5. Vor dem Servieren die gefrosteten Melonenschalen auf Teller stellen. Melonenkugeln und Krebsschwänze in die Schalen verteilen und mit der kalten Suppe auffüllen.

Dazu helles Baguette reichen.

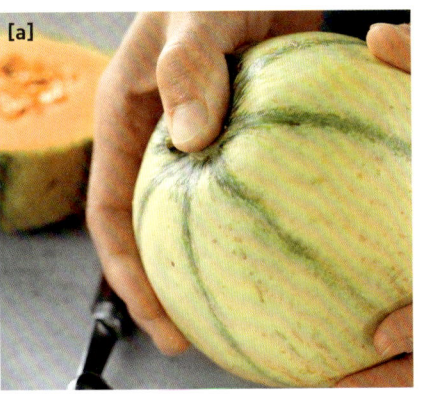

DAS IST *wirklich* WICHTIG

[a] MELONEN PRÜFEN Die Melonen müssen richtig reif sein, sonst lässt sich das Fleisch nicht richtig heraus- lösen. Reife Melonen erkennt man daran, dass sie am Stielansatz auf Druck leicht nachgeben.

LEIPZIGER ALLERLEI
mit Perlhuhnbrust und Flusskrebsen

VOM LAND UND AUS DEM WASSER: DIE UNTERSCHIEDLICHSTEN ZUTATEN VERSTEHEN SICH HIER AUSGEZEICHNET.

Zutaten für 4 Portionen

500 g Perlhuhnbrust (ersatzweise Hähnchenbrustfilet)

1 kleine Möhre

1 Zwiebel

1 kleines Stück Sellerie (ca. 20 g)

1 EL Öl oder Butter

500 ml Wasser

je 250 g weißer Spargel, Blumenkohl, Brokkoli und Möhren

Salz

250 g Butter

3 Eigelb

1 EL Weißwein

Zitronensaft zum Abschmecken

16 gekochte, geschälte Flusskrebse

evtl. Petersilie oder falscher Kaviar zum Garnieren

besonderes Werkzeug
• Stabmixer

Zeitbedarf
• 1 ¼ Stunden

So geht's

1. Perlhuhnbrust würfeln. Möhre, Zwiebel und Sellerie schälen und klein schneiden. Öl oder Butter heiß werden lassen. Zuerst die Zwiebeln, dann Möhre und Sellerie darin anschwitzen. Wasser dazugeben. Sobald es kocht, die Perlhuhnwürfel hinzufügen. Hitze reduzieren und das Geflügel leicht simmernd 15 – 20 Minuten gar ziehen lassen.

2. Spargel, Blumenkohl, Brokkoli und Möhren putzen und in mundgerechte Stücke teilen. Anschließend in kochendem Salzwasser bissfest blanchieren. In ein Sieb abschütten und im Ofen warm stellen oder mit Alufolie bedecken.

3. Für die Hollandaise 250 g Butter schmelzen. Eigelbe, Weißwein und etwas Salz in eine Schüssel geben. Diese auf einen Topf mit heißem Wasser stellen und die Eigelbe mit einem Schneebesen aufschlagen. Die geschmolzene Butter langsam zur Eimasse geben, dann die Sauce mit dem Stabmixer aufmixen [→ a]. Mit Zitronensaft abschmecken.

4. Die Perlhuhnbrust-Würfel und das Gemüse auf Teller anrichten, die Krebse darauf verteilen. Mit der Hollandaise überziehen. Nach Geschmack mit gezupfter Petersilie oder falschem Kaviar garnieren.

Als Beilage passen Baguette oder Reis.

DAS IST *wirklich* WICHTIG

[a] HOLLANDAISE RÜHREN Es ist wichtig, dass alle Zutaten für die Hollandaise warm verarbeitet werden. Dies gilt vor allem für die Butter. Sollte die Sauce dennoch gerinnen, können Sie sie einfach mit ein paar Tropfen kaltem Wasser noch einmal aufschlagen.

HAFENMEISTER-TÖPFCHEN
mit Krabben, Krebsen und Forelle

AN DER WATERKANT EINE BELIEBTE MITTERNACHTSSPEISE AUF FESTEN.
DIE ZUBEREITUNG IST EINFACH, DOCH DAS ERGEBNIS BLEIBT LANGE IM GEDÄCHTNIS.

Zutaten für 4 Portionen

300 g frische Champignons

80 g durchwachsener Speck

100 g Nordseekrabben

100 g gekochte, geschälte Flusskrebse

1 Zitrone

400 g Forellenfilet ohne Haut (Bach- oder Regenbogenforelle)

Salz, Pfeffer aus der Mühle

500 ml Sahne

2 EL Tomatenmark

2 TL eingelegte grüne Pfefferkörner

evtl. Dill oder andere Kräuter zum Garnieren

Zeitbedarf
• 45 Minuten +
  45 Minuten überbacken

So geht's

1. Ofen auf 180 °C (Umluft 160 °C) vorheizen. Die Champignons putzen: Stiele herausdrehen und wegwerfen, Köpfe mit einem Pinsel säubern, dann in Scheiben schneiden (siehe „Pilze säubern" Seite 20). Den Speck würfeln. Champignons, Speckwürfel, Krabben und Krebse mischen.

2. Zitrone auspressen. Das Forellenfilet mit Zitronensaft säuern (etwas Saft für die Sauce übrig behalten), salzen und pfeffern. Den Fisch etwas ziehen lassen, dann in Würfel schneiden. Mit den Champignons, Krabben, Krebsen und Speckwürfeln mischen und in eine ofenfeste Form geben.

3. Die Sahne mit Tomatenmark und grünen Pfefferkörnern vermengen, mit Zitronensaft und Salz abschmecken und in der Form verteilen.

4. Das Hafenmeister-Töpfchen im vorgeheizten Ofen ca. 45 Minuten überbacken. Vor dem Servieren nach Geschmack mit frischem Dill oder anderen Kräutern garnieren.

Dazu reichen Sie Bratkartoffeln oder ein kräftiges Brot und als Getränk ein nicht zu bitteres Bier oder einen leichten Riesling.

Die Variante

Pikantes Krabben-Pfännchen
Das Hafenmeister-Töpfchen mit Lachsforelle zubereiten und nur Krabben, keine Krebse verwenden. Für eine helle, fein-pikante Sauce das Tomatenmark und den grünen Pfeffer weglassen, dafür 50 g Blauschimmelkäse in der Sahne schmelzen lassen.

ORANGENBUTTER-KREBSE
pikant und fruchtig

WENN SIE MIT WENIG AUFWAND ETWAS FEINES AUF DEN TISCH ZAUBERN WOLLEN,
VERSUCHEN SIE ES MIT DIESEM REZEPT.

Zutaten für 4 Portionen

4 Stängel Estragon

1 mittelgroße Zwiebel

1 Bio-Orange

1 EL Butter zum Anschwitzen

300 g gekochte, geschälte Flusskrebse

Salz, Pfeffer aus der Mühle

50 g Butter

30 g Mehl

50 ml Sahne

Zeitbedarf
• 30 Minuten

So geht's

1. Estragonblätter von den Stängeln zupfen. Zwiebel schälen und klein schneiden. Orange heiß abwaschen, trocken reiben und auspressen [→ a].

2. 1 EL Butter in einem Topf auslassen und die Zwiebel darin andünsten. Den Orangensaft angießen, die Flusskrebse dazugeben, mit Salz und Pfeffer würzen. Estragonblätter einstreuen.

3. 50 Gramm Butter und 30 g Mehl verkneten [→ b]. Die Sahne schlagen. Von der Mehlbutter so viel in die heiße, nicht mehr kochende Sauce rühren, dass sie sämig wird. Vom Herd nehmen und die geschlagene Sahne unterheben.

4. Die Flusskrebse auf Teller anrichten und mit der Sauce überziehen.

Als Vorspeise mit Toastbrot oder als Hauptgericht mit einem luftigen Kartoffelpüree servieren. Dazu schmeckt ein Weißwein mit ausgeprägtem Aroma, etwa Gewürztraminer, aber auch ein Sauvignon blanc.

DAS IST *wirklich* WICHTIG

[a] SCHALE DER ORANGE Orangen immer heiß abwaschen und sorgfältig trocken reiben, auch wenn Sie die Frucht auspressen wollen und vor allem, wenn Sie kein Bio-Obst bekommen haben: Es könnten Spuren von Spritzmitteln auf der Schale in den Saft gelangen.

[b] TEMPERATUR DER BUTTER Die Butter, die mit dem Mehl verknetet wird, sollte handwarm sein, im Zweifelsfall eher kälter.

[b]

FORELLEN
Nicht alle sind gleich

DIE REGENBOGENFORELLE

Der Name ist Programm: Die Regenbogenforelle schimmert an ihren Flanken in allen Farben des Regenbogens. Erstmals 1872 in deutschen Gewässern angesiedelt, gehört sie heute zu den wichtigsten Zuchtfischen in Deutschland und hat die Bachforelle aufgrund ihrer größeren Robustheit und des schnelleren Wachstums weitgehend verdrängt. Die Regenbogenforelle wird in der Regel ca. 30 cm lang und kann ein Gewicht von bis zu 7 kg erreichen. Ihr Fleisch ist weicher als das der Bachforelle. In der Küche ist sie auf unterschiedlichste Art und Weise einsetzbar: Sie eignet sich sowohl zum Pochieren, Dämpfen, Braten, Grillen und Räuchern wie auch für feine Terrinen und Klößchen hervorragend.

Fangzeit ganzjährig

DIE BACHFORELLE

Mit ihrer olivgrünen Farbe und den auffallenden roten Punkten unterscheidet sich die Bachforelle schon äußerlich von der Regenbogenforelle. Die schillernden Flanken fehlen bei ihr gänzlich. Die Farbe ihres Fleisches (von weiß bis rosa) hängt wie bei der Regenbogenforelle von der Nahrung ab, ist jedoch kein Qualitätsmerkmal. Auch die Bachforelle eignet sich für praktisch alle Zubereitungsarten.

Fangzeit April bis Oktober, regional unterschiedlich

DIE LACHSFORELLE

Das Fleisch der Lachsforelle schimmert rötlich. Als Lachsforelle wurde ursprünglich die zwischen Salz- und Süßwasser wandernde Meerforelle bezeichnet, die sich von kleinen Fischen, Krebsen und Garnelen ernährt und wegen der darin enthaltenen Farbstoffe selbst errötet. Solche Lachsforellen sind heute selten geworden. Im Handel wird praktisch ausschließlich Zuchtware angeboten: große Regenbogenforellen, deren Futter mit Farbstoffen versetzt wird. Angeln kann man Lachsforellen also nicht, schmackhaft zubereiten jedoch schon.

BACHFORELLE
mit Brunnenkresse

EIN REZEPT AUS NIEDERSACHSEN. WER DEN GESCHMACK VON
BRUNNENKRESSE LIEBT, KOMMT HIER VOLL AUF SEINE KOSTEN.

Zutaten für 4 Portionen

8 dünne Scheiben Speck

2 Bund Brunnenkresse

2 Knoblauchzehen

Salz, Pfeffer aus der Mühle

4 küchenfertige Bachforellen
(à ca. 250 g)

3 – 4 EL Butter

Zeitbedarf
• 20 Minuten +
  20 Minuten garen

So geht's

1. Die Speckscheiben in einer Pfanne kross ausbraten [→ a]. Die Brunnenkresse [→ b] gründlich putzen, waschen und sorgfältig trocken schütteln. Knoblauch schälen und sehr fein hacken.

2. Den Speck aus der Pfanne nehmen und auf Küchenpapier abtropfen lassen. Das Speckfett in der Pfanne nochmals erhitzen und die Kresse darin in 3 – 4 Minuten braten. In der letzten Minute den Knoblauch dazugeben. Mit Salz und Pfeffer würzen. Die Pfanne von der Hitze nehmen und die Kresse abkühlen lassen.

3. Den Backofen auf 200 °C (Umluft 180 °C) vorheizen. Die Forellen kalt abspülen und innen und außen mit Salz und Pfeffer einreiben. Ein Backblech gut mit Butter einfetten [→ c] und die Forellen auf das Blech legen [→ d].

4. Speck und Kresse mit einem großen Messer grob hacken und vermengen. Je ein Viertel der Mischung in die Bauchhöhlen der Fische füllen. Die restliche Butter schmelzen lassen und über den Forellen verteilen. Die Fische im heißen Ofen 20 Minuten backen. Die Forellen sind gar, wenn sich die Rückenflosse problemlos herausziehen lässt.

BRUNNEN-
KRESSE
UNTERSCHEIDET
SICH VON
GARTENKRESSE

[b]

DAS IST *wirklich* WICHTIG

[a] KROSSER SPECK Soll der Speck besonders kross werden, die Scheiben auf ein kaltes Backblech legen und dieses in den kalten Ofen schieben. Dann den Ofen auf 200 °C schalten und der Speck ist in 12 – 15 Minuten perfekt.

[b] DIE RICHTIGE KRESSE Brunnenkresse evtl. beim Gemüsehändler vorbestellen. Gartenkresse ist etwas anderes und hat einen deutlich weniger ausgeprägten Geschmack.

[c] BACKBLECH EINFETTEN An dieser Stelle nicht mit Butter sparen, sonst klebt die Forelle am Blech fest.

[d] WENIGER FETT Wer weniger Fett verwenden möchte, kann die Fische auch auf Backpapier legen, doch wird die Haut dann etwas weniger knusprig.

FORELLE MÜLLERIN
mit Mandelbutter

EIN ESSEN FÜR DIE FAMILIE UND FÜR GÄSTE. SO ZUBEREITET BEHÄLT DIE FORELLE IHREN UREIGENEN GESCHMACK. DAS MÖGEN AUCH KINDER.

Zutaten für 4 Portionen

4 küchenfertige Forellen (à 250 g)

Salz, Pfeffer aus der Mühle

1 Zitrone

1 Bund glatte Petersilie

150 g Mehl

10 EL Butter

1 – 2 EL Öl

100 g Mandelblättchen

Zeitbedarf
• 60 Minuten

So geht's

1. Forellen kalt abspülen und mit Küchenpapier gründlich trocken tupfen. Innen und außen mit Salz und Pfeffer einreiben.

2. Die Zitrone schälen und in Scheiben schneiden. Petersilienblätter von den Stängeln zupfen. Zitrone und Petersilie in die Bauchhöhlen der Fische füllen.

3. Ofen auf 120 °C (Umluft 100 °C) vorheizen. Mehl auf einen Teller geben. Forellen von allen Seiten im Mehl wenden. Überschüssiges Mehl abklopfen.

4. In einer großen Pfanne 6 EL Butter und das Öl mäßig heiß werden lassen [→ a]. Darin 2 Forellen auf jeder Seite 6 – 7 Minuten braten. Während des Bratens ab und zu mit der Butter aus der Pfanne begießen. So werden die Fische schön goldbraun.

5. Die Forellen aus der Pfanne nehmen und im Ofen warm stellen. Die restlichen Forellen braten und ebenfalls warm stellen.

6. In der Pfanne die restliche Butter erhitzen und darin die Mandelblättchen leicht bräunen [→ b]. Die Forellen auf Teller anrichten und mit Mandelbutter begießen.

Als Beilage passen Salzkartoffeln oder kleine neue Pellkartoffeln. Auch Roggenbrot und Gurkensalat schmecken gut zur Forelle Müllerin.

DIE RICHTIGE TEMPERATUR:
LEICHT SCHÄUMENDE BUTTER

[a]

[b]

DAS IST *wirklich* WICHTIG

[a] RICHTIGE TEMPERATUR Sobald die Butter leicht schäumt, hat die Öl-Butter-Mischung die richtige Brattemperatur erreicht.

[b] RICHTIGE BRÄUNE Die Mandelblättchen immer wieder umrühren, damit sie gleichmäßig bräunen.

KONTROLLIERT GEWACHSEN
Fische aus der Zucht

DIE ZUCHT VON SÜSSWASSERFISCHEN HAT IN DEUTSCHLAND EINE LANGE TRADITION UND BIETET DEM VERBRAUCHER VIELE VORTEILE.

Wenn die Dämmerung sich langsam über das Gras senkt, wähnt man sich an einem verwunschenen Ort. Könnte man die Szenerie von oben betrachten, wirkte sie, als gäbe es dort viele kleine Seen, die eine Laune der Natur fast gleich groß gemacht und hintereinander aufgereiht hat, wie für eine Ferienanlage. In Wahrheit sind es von Menschenhand geschaffene Wasserbecken, und ihr Zweck ist ein wirtschaftlicher: Fischzuchten sind Produktionsstätten, oft eingebettet in Wiesenlandschaften und schön anzuschauen. Manche Anlagen bestehen aus einer Vielzahl aneinandergereihter Becken, in anderen werden die Fische in abgegrenzten Bachläufen gehalten.

Nicht jeder Fisch, der als Speisefisch in den Handel oder im Restaurant auf den Teller kommt, ist im Meer oder, wenn es sich um einen Süßwasserfisch handelt, in einem Fluss oder See geschwommen. Zwei Drittel der etwa 60.000 Tonnen Fisch, die jedes Jahr in deutschen Binnengewässern gefangen werden, stammen aus Teichen und Becken. Der Körper kühl und fest, die Augen klar, die Schuppen glänzend, das Maul rosig: Ein gesunder Fisch ist ein schöner Anblick. Gezüchtet werden hierzulande vor allem Forellen, unter denen wiederum die Regenbogenforellen überwiegen. Aber auch Barsche, Saiblinge, Hechte, Zander, Welse, Huchen, Karpfen, Schleien und Aale wachsen unter menschlicher Aufsicht heran.

MÖGLICHKEIT ZUM REGIONALEN EINKAUF

Abnehmer von Zuchtfischen sind in der Mehrzahl Angelvereine und Restaurants, aber auch Privatkunden. Die meisten Fischzuchten, von denen etliche im Nebenerwerb noch eine Gaststätte betreiben, verkaufen frisch geschlachtete und auch geräucherte Fische im eigenen Hofladen.

Die Süßwasser-Fischzucht ist ein regionales Gewerbe, und ihre Erzeugnisse werden denn auch zu großen Teilen direkt und in der Nähe vermarktet. Genau darin besteht der Wert für den Kunden: Wer will, hat die Möglichkeit, dort einzukaufen, wo das Produkt entstanden ist, und mit jenen ins Gespräch zu kommen, welche die Verantwortung tragen. Denn mit Fischen ist es nicht anders als mit anderen Nutztieren: Dort, wo sie in großer Zahl zum menschlichen Verzehr aufgezogen werden, sind ihre Lebensbedingungen auch für die Kunden von Interesse. Auch wenn es um Schuppentiere geht, ist artgerechte Haltung ein wichtiges Thema. Sprechen Sie es ruhig an: bei der Fischzucht vor der Haustür, beim Fischhändler Ihres Vertrauens.

FORELLE BLAU
leicht und bekömmlich

EIN KLASSIKER DER FISCHKÜCHE. DIE SCHLICHTE ZUBEREITUNG UND DAS SCHÖNE FARBENSPIEL BRINGEN DIESEN EDLEN FISCH VOLL ZUR GELTUNG.

Zutaten für 4 Portionen

4 küchenfertige Forellen (à 250 g)

1 große Zwiebel

1 große Stange Lauch

2 Möhren

50 g Sellerie

1 Petersilienwurzel

Salz

200 ml Weißweinessig

besonderes Werkzeug
• Küchengarn

Zeitbedarf
• 20 Minuten +
  25 Minuten garen

So geht's

1. Forellen unter kaltem Wasser abspülen. Nicht trocken tupfen, die Schleimschicht auf der Haut soll erhalten bleiben [→ a].

2. Zwiebel schälen und grob schneiden. Lauch halbieren, waschen und in halbe Ringe schneiden. Möhren, Sellerie und Petersilienwurzel schälen und in Stücke schneiden.

3. Die Forellen mit Küchengarn binden. Dazu jeweils ein langes Stück Garn durch die Kiemen ziehen und das Ende des Garns um den Schwanz wickeln, sodass der Fisch sich leicht krümmt.

4. In einem großen Topf, der alle 4 Fische fasst, Wasser zum Kochen bringen. Das Suppengemüse und 1 Prise Salz dazugeben, dann 15 Minuten köcheln lassen.

5. Die Hitze herunterstellen, sodass der Sud nur noch simmert. Den Essig hinzufügen.

6. Die Forellen in den Sud geben. Die Fische müssen komplett mit Flüssigkeit bedeckt sein, sonst Wasser nachfüllen. Mit geschlossenem Deckel bei schwacher Hitze ca. 10 Minuten ziehen lassen [→ b]. Wenn sich die Rückenflosse ganz leicht herausziehen lässt, ist der Fisch gar.

Klassische Beilagen zur Forelle blau sind zerlassene Butter, Salzkartoffeln und Kopfsalat. Als Getränk passt ein fein-erdiger Moselriesling oder ein Grüner Veltliner.

[a]

DAS IST *wirklich* WICHTIG

[a] FORELLE WASCHEN Beim Waschen der Forelle unbedingt darauf achten, dass die Schleimschicht intakt bleibt. Dadurch und mit ausreichend Essig im Kochwasser wird die Haut der Forelle schön blau.

[b] FORELLE GAREN Beim Garen muss die Temperatur des Suds unterhalb des Siedepunktes bleiben. Wenn der Sud kocht, zerfallen die Forellen.

GERÄUCHERTE FORELLE
mit aromatischen Kräutern

GEANGELT, GEWÜRZT, GERÄUCHERT: IN DIESEM REZEPT BEKOMMT
DIE ZARTE FORELLE EINE ORDENTLICHE PORTION AROMA AB.

Zutaten für 4 Portionen

- 4 küchenfertige Forellen (à 250 g)
- Salz, Pfeffer aus der Mühle
- 2 Knoblauchzehen
- 4 Salbeiblätter
- 4 Stängel Rosmarin
- 1 Bund Liebstöckel

besonderes Werkzeug
- Räucherofen
- Rouladenspieße

Zeitbedarf
- 15 Minuten +
  30 Minuten räuchern

So geht's

1. Die Forellen waschen und gründlich trocken tupfen. Innen und außen mit Salz und Pfeffer einreiben. Knoblauch schälen, fein hacken, mit Salz bestreuen und zerdrücken. Die Fische innen und außen mit dem Knoblauch bestreichen.

2. Salbei, Rosmarin und Liebstöckel zupfen und grob hacken. Die Kräuter mischen und in die Bauchhöhle der Fische verteilen.

3. Die Forellen mit Rouladenspießen verschließen und im Räucherofen ca. 30 Minuten räuchern. Kleine Mengen Fisch lassen sich mit einem Tischgerät räuchern. Für größere Mengen lohnt sich vielleicht der Bau eines eigenen Räucherofens.

Als Beilage passen Salat und Ofenkartoffeln. Dazu mittelgroße, mehligkochende Kartoffeln unter fließendem Wasser bürsten, dann einzeln in Alufolie wickeln. Im vorgeheizten Ofen bei 220 °C (Umluft 180 °C) 40 Minuten backen. Mit gewürztem Joghurt servieren.

LACHSFORELLE GEBEIZT
mit viel Dill

VERWÖHNEN SIE IHRE GÄSTE MIT DIESEM SCHMANKERL, DAS SICH
SEHR GUT VORBEREITEN LÄSST. GEEIGNET ALS KALTE VORSPEISE.

Zutaten für 4 Portionen

3 TL Salz

2 TL Zucker

Pfeffer aus der Mühle

2 ganze Lachsforellenfilets
mit Haut

2 Bund Dill

evtl. Zitrone zum Beträufeln

Zeitbedarf
· 20 Minuten +
  3–4 Tage marinieren

So geht's

1. Salz und Zucker mischen. So viel Pfeffer mahlen, dass sich 2 TL ergeben. Pfeffer mit dem Salz und Zucker mischen.

2. Die Lachsforellenfilets mit der Fleischseite nach oben auf die Arbeitsfläche legen. Beide Filets mit der Gewürzmischung großzügig einreiben.

3. Den Dill fein schneiden und auf dem einen Filet verteilen. Das zweite Filet mit der Hautseite nach außen darüberlegen. Das so entstandene Paket fest in Alufolie einwickeln, in ein längliches Gefäß legen und mit einem Brett und Gewichten beschweren.

4. Das Gefäß für 3–4 Tage in den Kühlschrank stellen. Das Fischpaket jeden Tag wenden.

5. Den Fisch aus der Folie wickeln und auseinanderklappen. Den Dill entfernen. Zum Servieren das Lachsforellenfleisch mit einem scharfen Messer in feinen Scheiben von der Haut schneiden und nach Geschmack mit Zitronensaft beträufeln.

Dazu reichen Sie Toastbrot mit Limonenbutter oder ein kräftiges Bauernbrot mit gesalzener Butter und als Getränk Champagner oder Winzersekt.

SO SCHMECKT'S AUCH Zum Beizen eignen sich auch Bachforellen.
In diesem Fall aber weißen Pfeffer verwenden.

DAS IST *wirklich* WICHTIG

[a] ACHTUNG CHILI Bei der Arbeit mit Chilischoten Einmalhandschuhe tragen. Ein großer Teil der Schärfe sitzt im Öl der Kerne. Für einen milderen Geschmack die Schoten mit einem scharfen Messer aufschneiden, die Kerne herauskratzen und nur die Schoten weiterverarbeiten.

[b] ACHTUNG KNOBLAUCH Darauf achten, dass der Knoblauch beim Anschwitzen nicht braun wird, er schmeckt sonst bitter.

[c] ACHTUNG ZITRONE Die Sauce nach dem Abschmecken mit Zitrone nicht mehr kochen lassen, da sie sonst ausflockt.

BUNTE NUDELPFANNE
mit Lachsforelle und Salbei

WER KANN SCHON PASTA WIDERSTEHEN? DIESEM GERICHT VERLEIHT DER SALBEI
EINE HEITERE SÜDLICHE NOTE.

Zutaten für 4 Portionen

500 g Lachsforellenfilet
ohne Haut

1 Zitrone

100 g Mehl

Salz

2 Knoblauchzehen

2 kleine Chilischoten

2 Zweige Salbei

500 g Bandnudeln

50 ml Olivenöl

40 g Butter

100 g Sahne

Pfeffer aus der Mühle

100 g Parmesan

Zeitbedarf
• 40 Minuten

So geht's

1. Lachsforellenfilet in ca. 2 cm breite Streifen
   schneiden. Zitrone auspressen. Mehl auf einen
   Teller geben. Die Fischstreifen mit dem Zitronensaft säuern (etwas Saft für die Sauce übrig lassen), salzen und im Mehl wenden. Überschüssiges Mehl abschütteln. Fisch auf einem Teller
   beiseitestellen.

2. Nudelwasser aufsetzen. Knoblauch schälen,
   klein schneiden und mit Salz zerdrücken. Chilischoten aufschneiden, entkernen und in halbe
   Ringe schneiden [→ a]. Salbei zupfen und in feine
   Streifen schneiden. Die Nudeln in reichlich Salzwasser bissfest garen und abgießen.

3. Olivenöl in einer hohen Pfanne erhitzen. Die Fischstücke darin anbraten, dann auf einem Teller mit
   Alufolie bedeckt warm halten.

4. In derselben Pfanne die Butter heiß werden lassen. Knoblauch, Chili und Salbei in der Butter
   anschwitzen [→ b]. Die Sahne hinzugießen, kurz
   aufkochen und leicht reduzieren lassen. Mit Salz,
   Pfeffer und Zitronensaft abschmecken [→ c].

5. Die Sauce in eine tiefe Schüssel anrichten. Nudeln
   unterheben, den Fisch dazugeben und den Par-
   mesankäse darüberreiben. Wenn die Pfanne groß
   genug ist, können Nudeln und Fisch auch direkt
   in die Sauce gegeben und die Pfanne auf den Tisch
   gestellt werden.

Als Beilage eignet sich Salat in allen Variationen. Dazu
frisches Baguette und ein gut gekühlter Pfälzer Rosé.

Die Variante

Forellen-Pfanne
800 g festkochende Kartoffeln in der Schale kochen,
schälen und in große Stü-
cke schneiden. Die Fisch-
streifen braten und warm
stellen. In derselben Pfanne
1 EL Rosmarinnadeln in
etwas Öl anbraten. Die
Kartoffeln dazugeben und
einige Minuten unter häu-
figem Wenden mitbraten.
100 ml Weißwein angießen,
1 EL Crème fraîche ein-
rühren. Kurz aufkochen,
dann den Fisch dazugeben.
Mit Tomatensalat servieren.

SCHNELLE LACHSFORELLE
mit Koriander-Limetten-Sauce

DREI GRÜNDE SPRECHEN FÜR DIESES REZEPT: ES IST EINFACH IN DER ZUBEREITUNG, STEHT IM NU AUF DEM TISCH UND SCHMECKT KÖSTLICH.

Zutaten für 4 Portionen

1 küchenfertige Lachsforelle (ca. 1 kg)

2 EL Koriandersamen

4 Bio-Limetten

Salz, Pfeffer aus der Mühle

50 g Butter

besonderes Werkzeug
· Mörser

Zeitbedarf
· 15 Minuten +
  20 Minuten garen

So geht's

1. Backofen auf 200 °C (Umluft 180 °C) vorheizen. Lachsforelle waschen und mit Küchenpapier trocken tupfen. Koriandersamen in einem Mörser zerstoßen. Limetten schälen und in Scheiben schneiden.

2. Die Lachsforelle innen mit Salz und Pfeffer einreiben. Die Hälfte des Korianders und die Hälfte der Limettenscheiben in die Bauchhöhle füllen.

3. Eine feuerfeste Form mit Butter gut einfetten. Die Forelle hineinlegen. Restliche Butter in Flocken auf dem Fisch verteilen. Mit den restlichen Limettenscheiben belegen und mit dem restlichen Koriander bestreuen.

4. Die Lachsforelle im heißen Ofen 20 Minuten garen, bis sie eine schöne goldgelbe Farbe hat.

Dazu passt am besten Reis.

LACHSFORELLE
mit Kräuteröl und Kirschtomaten

DIE SÜSS-SÄUERLICHEN TOMATEN UND DIE DELIKATE LACHSFORELLE
GEHEN HIER EINE PERFEKTE VERBINDUNG EIN.

Zutaten für 4 Portionen

2 küchenfertige Lachsforellen (à ca. 400 g)

1 Zitrone

100 g Mehl

Salz, Pfeffer aus der Mühle

100 ml Olivenöl

1 Zweig Salbei

1 Zweig Zitronenthymian

1 Stängel Zitronenmelisse

1 Stängel Estragon

20 Kirschtomaten

Zeitbedarf
• 60 Minuten

So geht's

1. Lachsforellen waschen und mit Küchenpapier trocken tupfen. Zitrone auspressen. Mehl auf einen Teller geben. Die Fische außen und innen mit Salz und Pfeffer einreiben. Mit Zitronensaft beträufeln, in Mehl wenden. Überschüssiges Mehl abklopfen.

2. Den Ofen auf 150 °C (Umluft 120 °C) vorheizen. Die Hälfte des Öls in einer Pfanne heiß werden lassen. Forellen bei mittlerer Hitze auf jeder Seite ca. 6 Minuten braten, bis sie goldgelb sind. Herausnehmen und im Ofen warm stellen.

3. Die Kräuter zupfen und fein schneiden. Kirschtomaten waschen und abtrocknen. Restliches Öl in der Pfanne erhitzen. Die Kräuter hineingeben und bei mittlerer Hitze 2 Minuten anziehen lassen. Die Tomaten dazugeben. Deckel auflegen und die Tomaten bei niedriger Hitze 5 Minuten garen lassen. Mit Salz und Pfeffer abschmecken.

4. Die Lachsforellen filetieren. Die Filets auf einer Platte anrichten und die Tomaten mit dem Kräuteröl darübergeben.

Als Beilage passen Kartoffeln in allen Variationen, aber auch Nudeln. Soll es schnell gehen, reicht auch ein gutes Brot.

FISCHTERRINE
von Lachsforelle und Dorsch

ZARTER FISCH, KNACKIGES GEMÜSE, IM WASSERBAD SANFT GEGART:
DAS ERGEBNIS KANN SICH SCHMECKEN LASSEN.

Zutaten für 4 Portionen

- 2 mittelgroße Schalotten
- 100 g Zucchini
- 2 EL Butter
- ½ Zitrone
- 500 g Dorschfilet
- Salz, Pfeffer aus der Mühle
- Cayennepfeffer nach Geschmack
- 1 Eigelb
- 125 g Sahne
- 4 Blätter Wirsingkohl
- Öl zum Einpinseln
- 150 g Lachsforellenfilet (ohne Haut und Gräten)

besonderes Werkzeug
- Stabmixer
- Terrinenform
- Alufolie

Zeitbedarf
- 50 Minuten +
  70 Minuten garen +
  4 Stunden kühlen

So geht's

1. Backofen auf 100 °C (Umluft 80 °C) vorheizen. Schalotten schälen und fein hacken. Zucchini waschen, putzen und auf einer Reibe grob raspeln. In einer Pfanne etwas Butter heiß werden lassen und die Schalotten darin anschwitzen. Die Zucchini dazugeben und 5 Minuten mitdünsten. Aus der Pfanne nehmen und abkühlen lassen.

2. Zitrone auspressen. Dorschfilet in Stücke schneiden, mit Zitronensaft beträufeln. Fisch, Zucchini und Zwiebeln mit einem Stabmixer pürieren. Mit Salz, Pfeffer und evtl. Cayennepfeffer abschmecken.

3. In einem Topf Wasser zum Kochen bringen, salzen. Eigelb verquirlen, Sahne steif schlagen. Ei und Sahne nacheinander unter die Fischmasse heben [→ a].

4. Die Wirsingblätter im kochenden Salzwasser 3 Minuten blanchieren, kalt abschrecken und trocken tupfen. Die Mittelrippe entfernen.

5. Eine Terrinenform mit Alufolie auslegen und mit Öl einpinseln. Die Hälfte der Dorschmasse einfüllen. Die Wirsingblätter leicht überlappend auf der Masse auslegen. Das Lachsforellenfilet salzen, pfeffern und auf den Wirsing legen. Überstehenden Teil der Kohlblätter über dem Fisch einschlagen, sodass er vollständig bedeckt ist. Darauf die restliche Dorschmasse verstreichen.

6. Terrinenform mit Alufolie gut verschließen und in die Fettpfanne des Backofens stellen. So viel heißes Wasser hineingießen, dass die Form 1 cm tief im Wasser steht. Die Terrine ca. 70 Minuten garen. Nach der Hälfte der Garzeit die Alufolie entfernen. Die fertige Terrine aus dem Ofen nehmen und ca. 4 Stunden kühl stellen.

SO SCHMECKT'S AUCH Sollte von der Dorschmasse etwas übrig bleiben, diese rasch verbrauchen, z. B. auf getoastetem Weißbrot zu einem Glas Wein. Die Terrine kann auch mit anderen Fischen zubereitet werden, etwa Zander statt Dorsch oder einer Kombination von Lachsforelle und Bachforelle.

DAS IST *wirklich* WICHTIG

[a] RICHTIGE TEMPERATUR Die Dorschmasse immer gut gekühlt verarbeiten, sonst könnte sie gerinnen und sauer werden. Wenn die Gefahr besteht, dass sie zu weich wird, für einige Minuten ins Eisfach stellen.

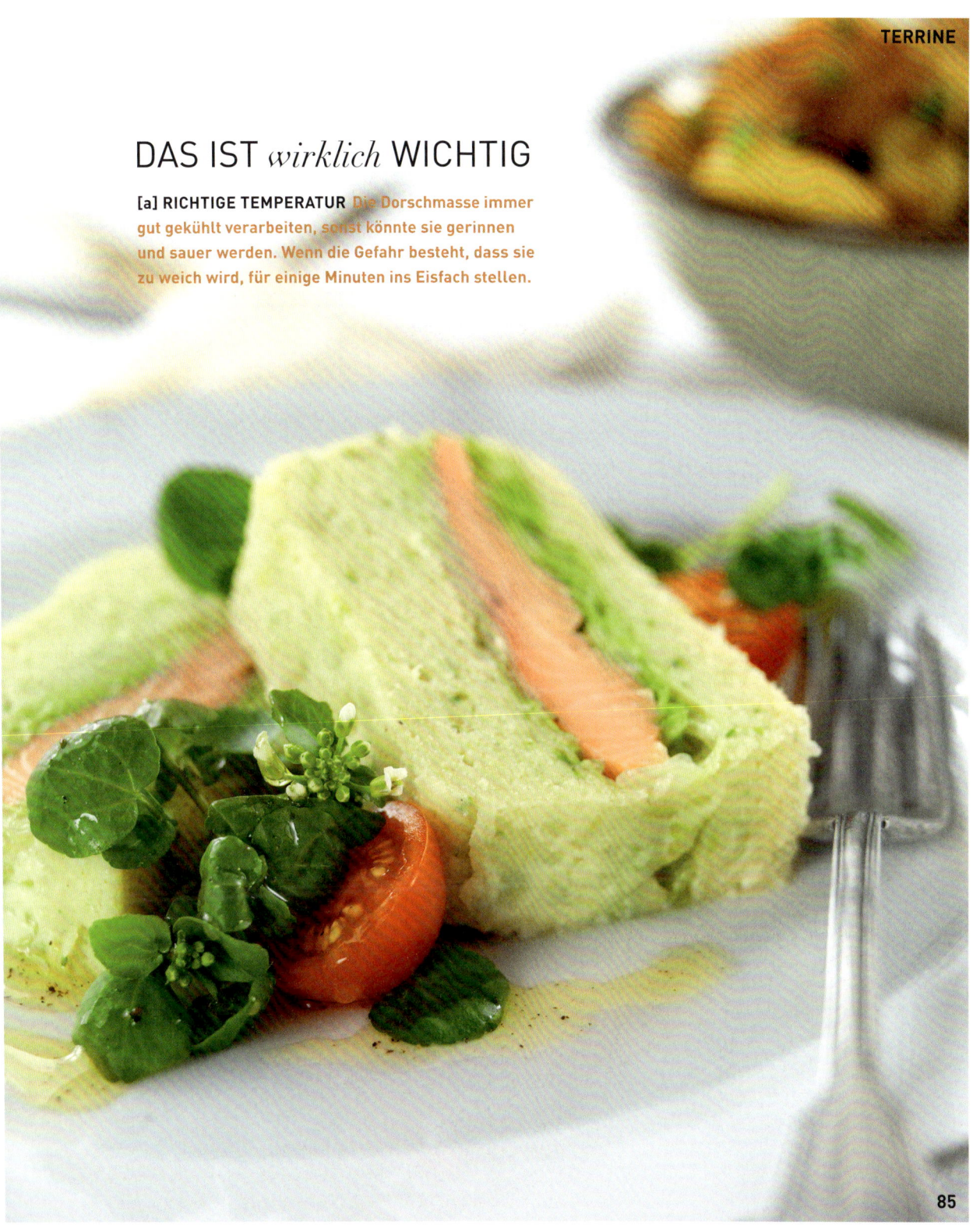

REGENBOGENFORELLE
mit würzigen Tomaten

GANZE FISCHE, GEFÜLLT UND GUT VERPACKT UND DANN AB IN DEN OFEN:
IDEAL ZUM VORBEREITEN, WENN BESUCH ERWARTET WIRD.

Zutaten für 4 Portionen

4 küchenfertige Regenbogenforellen (à ca. 400 g)

Salz, Pfeffer aus der Mühle

3 Knoblauchzehen

4 Zweige Rosmarin

8 große, reife Tomaten

120 g Butter

besonderes Werkzeug
• Alufolie

Zeitbedarf
• 15 Minuten +
  30 Minuten garen

So geht's

1. Backofen auf 180 °C (Umluft 160 °C) vorheizen. Ein Backblech mit Alufolie in der doppelten Blechgröße auslegen. Überschuss auf alle vier Seiten gleichmäßig verteilen.

2. Die Forellen kalt abspülen und trocken tupfen, dann innen und außen mit Salz und Pfeffer einreiben. Knoblauch schälen und hacken [→ a]. Rosmarinnadeln von den Zweigen zupfen und hacken. Tomaten waschen, trocknen und in Scheiben schneiden [→ b].

3. Die Hälfte der Tomatenscheiben mit dem gehackten Knoblauch und Rosmarin bestreuen und in die Bauchhöhlen der Fische verteilen. Die Butter in Scheiben schneiden und ca. ⅓ der Scheiben auf der Folie verteilen. Die Fische auf die Butter legen. Restliche Tomaten- und Butterscheiben auf den Fischen verteilen.

4. Folie von allen Seiten über den Fischen einschlagen und dicht verschließen. Mit einer Gabel oder Messerspitze mehrmals einstechen.

5. Die Forellen auf der mittleren Schiene des vorgeheizten Ofens 30 Minuten garen, dann herausnehmen und die Folie vorsichtig öffnen. Rücken- und Bauchflosse der Fische entfernen [→ c].

Als Beilage passt Kartoffelpüree, für Tomaten-Fans auch ein Tomaten-Brot-Salat. Dazu nicht mehr ganz frisches Graubrot oder Baguette rösten und mit einer Vinaigrette aus Balsamico, Olivenöl, klein geschnittenen Zwiebeln, Salz und Pfeffer beträufeln. Tomaten halbieren, vom Strunk befreien, leicht ausdrücken, grob hacken und mit dem Brot mischen.

DAS IST *wirklich* WICHTIG

[a] KNOBLAUCH SCHNEIDEN ODER PRESSEN? Viele schwören auf gehackten und zerdrückten Knoblauch, weil sich so sein ganzes Aroma entfaltet. In der Knoblauchpresse entsteht dagegen etwas Aromaverlust, dafür verteilt sich der Knoblauch leichter. Wer die scharfe Knolle nicht so gut verträgt, hat meistens keine Probleme, wenn ganze Knoblauchzehen mitgegart und vor dem Verzehr entfernt werden.

[b] TOMATENSTRUNK ENTFERNEN Nach dem Schneiden der Tomaten den kleinen grünen Strunk aus der entsprechenden Scheibe mit einem spitzen Messer herausschneiden. Im Strunk sitzt das harmlose, aber schwach giftige Solanin, das bei empfindlichen Essern Magenbeschwerden hervorrufen kann.

[c] FISCHFLOSSEN HERAUSZIEHEN Um die Flossen aus dem Fisch zu ziehen, verwendet man am besten eine Pinzette, ersatzweise eine Bastelzange.

REGENBOGENFORELLE
in Salbeibutter

WENIGE ZUTATEN, KLEINER AUFWAND, GROSSE WIRKUNG: DIESE EINFACHE
ZUBEREITUNG HOLT AUS DER FORELLE DAS BESTE HERAUS.

Zutaten für 4 Portionen

8 Regenbogenforellen-Filets
ohne Haut (à ca. 150 g)

Salz, Pfeffer aus der Mühle

100 g Butter

10 frische Salbeiblätter

100 ml Fischfond (Rezept
siehe Seite 36), ersatzweise
aus dem Glas

Zeitbedarf
• 20 Minuten

So geht's

1. Die Forellenfilets kalt abspülen und trocken tupfen. Auf beiden
   Seiten mit Salz und Pfeffer einreiben.

2. Die Butter in einer Pfanne erhitzen und die Fischfilets darin von
   jeder Seite ca. 1 Minute braten. Die Filets aus der Pfanne nehmen
   und mit Alufolie bedeckt warm halten.

3. Die Salbeiblätter in der verbliebenen Butter kurz schwenken.
   Den Fischfond angießen und kurz aufkochen.

4. Die Forellenfilets auf Teller anrichten und die Salbeibutter darüber verteilen.

Als Beilage passen Salzkartoffeln und ein grüner Salat.

[a]

DAS IST
wirklich
WICHTIG

....

[a] GLEICHE SCHNITTGRÖSSE Beim Gemüse auf gleiche Schnittstärke achten, damit alles gleichzeitig gar wird.

[b] FOLIE EINSTECHEN Das Einstechen der Alufolie bewirkt, dass Dampf austreten kann und die Forelle gleichmäßig gart.

REGENBOGENFORELLE
mit Lauch und Möhren

DIESE FORELLEN MUNDEN ALS SCHNELL ZUBEREITETES MITTAGESSEN
MIT DER FAMILIE, ABER AUCH AM ABEND MIT GÄSTEN.

Zutaten für 4 Portionen

4 küchenfertige Regen-
bogenforellen (à ca. 400 g)

Salz, Pfeffer aus der Mühle

100 g Butter

1 Bund Blattpetersilie

1 Bio-Zitrone

Olivenöl

2 Stangen Lauch

8 große Möhren

evtl. Butter zum Verfeinern

besonderes Werkzeug
• Alufolie

Zeitbedarf
• 35 Minuten +
  30 Minuten garen

So geht's

1. Die Forellen kalt abspülen und trocken tupfen, dann innen und außen mit Salz und Pfeffer einreiben. Die Butter in kleinen Stücken in die Bauchhöhlen der Fische verteilen.

2. Petersilie waschen und hacken, Zitrone in dünne Scheiben schneiden. Die Forellen mit Petersilie bestreuen und mit den Zitronenscheiben belegen.

3. Backofen auf 180 °C (Umluft 160 °C) vorheizen. Ein Backblech mit Alufolie in der doppelten Blechgröße auslegen und mit etwas Olivenöl einpinseln. Die Forellen darauflegen.

4. Lauch halbieren, waschen und abtrocknen, dann in kleine Stücke schneiden. Möhren schälen und in dünne Stifte schneiden [→ a]. Lauch und Möhren zum Fisch auf das Backblech legen und mit etwas Olivenöl beträufeln.

5. Folie von allen Seiten über dem Fisch und Gemüse einschlagen und dicht verschließen. Mit einer Gabel oder Messerspitze mehrmals einstechen [→ b].

6. Backblech auf die mittlere Schiene des vorgeheizten Ofens schieben und Fisch und Gemüse 30 Minuten garen. Vor dem Servieren das Gemüse nach Geschmack noch mit einem Stück Butter verfeinern.

Dazu passen Kartoffeln oder Bandnudeln.

Die Variante

Regenbogenforelle mit Möhrenpüree

Statt Lauch und Möhren mit aufs Blech zu geben, 500 g Möhren putzen und klein schneiden. ½ Zitrone auspressen. 1 kleine Zwiebel schälen, klein schneiden und in Olivenöl anschwitzen. Möhren dazugeben, einige Minuten mitdünsten. Mit Puderzucker bestäuben und bei mittlerer Hitze karamellisieren lassen. Mit Zitronensaft, wenig Wasser und einem Schuss Weißwein ablöschen und weich dünsten, dann mit dem Stabmixer pürieren und mit Salz und Pfeffer abschmecken.

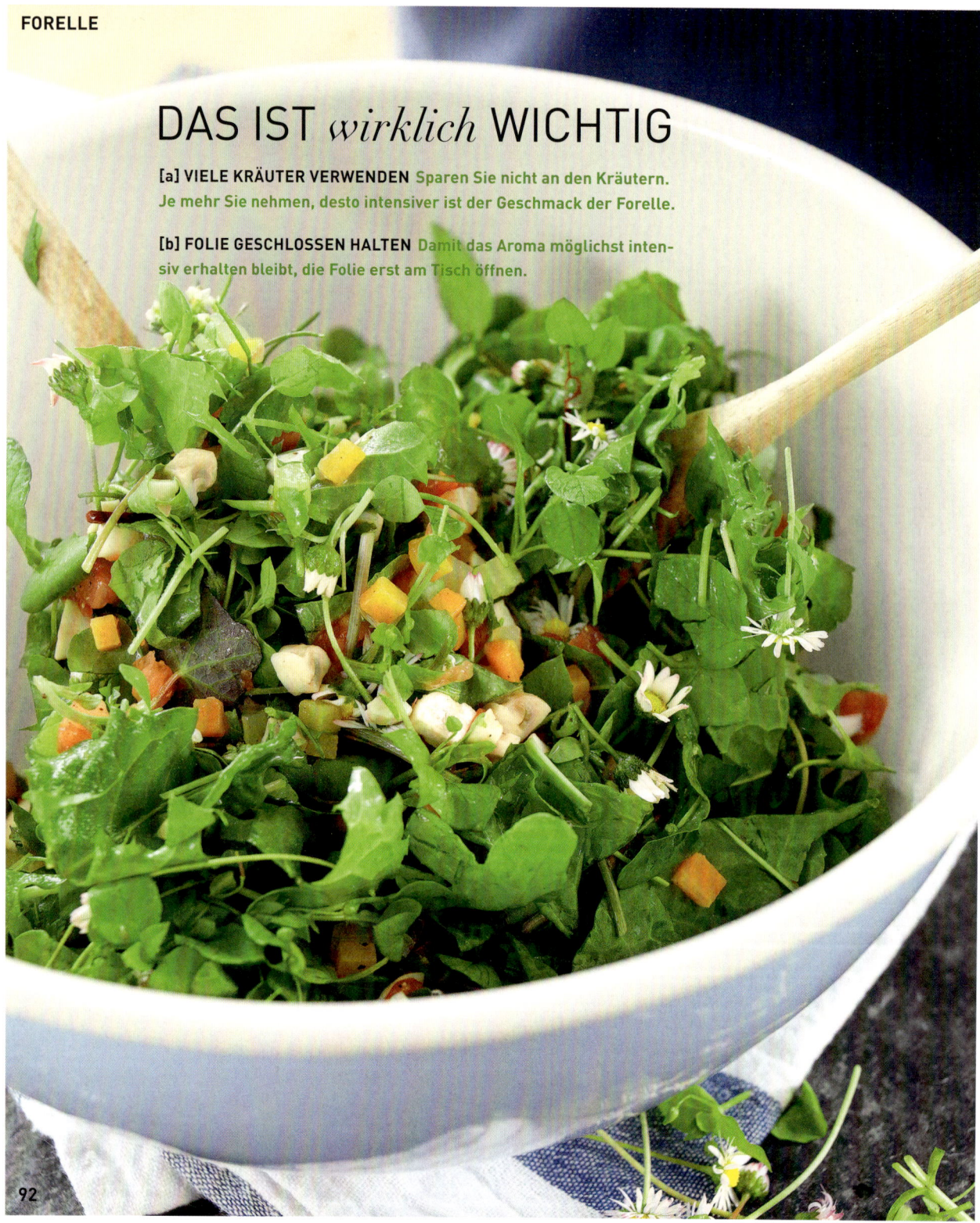

DAS IST *wirklich* WICHTIG

[a] VIELE KRÄUTER VERWENDEN Sparen Sie nicht an den Kräutern. Je mehr Sie nehmen, desto intensiver ist der Geschmack der Forelle.

[b] FOLIE GESCHLOSSEN HALTEN Damit das Aroma möglichst intensiv erhalten bleibt, die Folie erst am Tisch öffnen.

REGENBOGENFORELLE
mit Gemüse-Kräuter-Füllung

OB SELBST GEPFLÜCKT ODER VOM MARKT: MIT DUFTENDEN WIESENKRÄUTERN
SCHMECKT DIE FORELLE NOCH MAL SO GUT.

Zutaten für 4 Portionen

4 küchenfertige Regenbogenforellen (à ca. 400 g)

½ Zitrone

Salz, Pfeffer aus der Mühle

2 kleine Tomaten

100 g Champignons

2 Möhren

50 g Staudensellerie

Olivenöl

4 cl trockener Weißwein

2 Handvoll frisch gepflückte
Frühlings-Wiesenkräuter
(Brunnenkresse, Kapuziner-
kresse, Sauerampfer,
Gänseblümchen, Löwenzahn,
Vogelmiere)

besonderes Werkzeug
• Alufolie

Zeitbedarf
• 30 Minuten +
  15 Minuten garen

So geht's

1. Die Forellen kalt abspülen und trocken tupfen. Die Zitrone auspressen. Forellen innen und außen mit Salz, Pfeffer und Zitronensaft würzen.

2. Tomaten mit kochendem Wasser kurz überbrühen, häuten und
   entkernen. Champignons putzen, Möhren und Staudensellerie
   waschen und schälen. Tomaten, Pilze und Gemüse in kleine Würfel
   schneiden und in Olivenöl andünsten. Mit Weißwein ablöschen
   und einkochen lassen. Mit Salz und Pfeffer würzen.

3. Die Kräuter waschen, hacken und in einer Schüssel mit dem
   warmen Gemüse mischen [→ a].

4. Die Forellen mit der Gemüse-Kräuter-Mischung füllen. Falls noch
   Füllung übrig bleibt, diese auf den Fischen verteilen.

5. Den Backofen auf 180 °C (Umluft 160 °C) vorheizen. Ein Backblech
   mit Alufolie in der doppelten Blechgröße auslegen, mit Olivenöl
   bestreichen und die gefüllten Forellen darauflegen. Die Folie von
   allen Seiten über den Fischen einschlagen und dicht verschließen.
   Mit einer Gabel oder Messerspitze mehrmals einstechen.

6. Das Blech in den heißen Ofen schieben und die Forellen ca. 15 Minuten garen [→ b].

EIWEISSREICHER FITMACHER
Warum Fisch gesund und bekömmlich ist

SEIT JAHREN KANN MAN ES IN VIELEN ERNÄHRUNGSPHYSIOLOGISCHEN UNTERSUCHUNGEN LESEN: ALS NÄHRSTOFFLIEFERANT FÜR DEN MENSCHLICHEN KÖRPER KANN DER FISCH EINE WICHTIGE UND GESUND-HEITSFÖRDERNDE ROLLE SPIELEN.

Aufgrund unserer Lebensweise, die eher durch sitzende als durch bewegungsintensive Tätigkeiten geprägt ist, benötigt unser Körper viel Eiweiß und nur wenig Fett. Der Tagesbedarf an Eiweiß liegt bei einem erwachsenen Menschen bei rund 0,9 g pro kg Körpergewicht. Bei einem Gewicht von 70 kg benötigt ein Erwachsener also rund 60 g Eiweiß am Tag, die sich mit etwa 200 g Frischfisch decken lassen. Untersuchungen haben ergeben, dass es wichtig ist, dem Körper mindestens ein Drittel des Tagesbedarfs an Eiweiß durch tierisches Eiweiß zuzuführen, weil es hochwertiger ist als pflanzliches.

HOCHWERTIGES EIWEISS, WENIG FETT
Fisch enthält sehr viel leicht verdauliches Eiweiß und im Verhältnis dazu wenig Fett. Ausnahmen sind fettreiche Fische wie Aal, Lachs, Hering oder Makrele. Aus ernährungswissenschaftlicher Sicht ist auch der hohe Anteil an mehrfach ungesättigten Fettsäuren im Fischfleisch nicht zu unterschätzen. Der menschliche Körper benötigt sie, um daraus Stoffe zu bilden, die Ablagerungen in den Blutgefäßen vorbeugen können und positive Auswirkungen auf Blutdruck, Herzrhythmus und Durchblutung des Herzens haben. Auch wegen seines hohen Vita-

min- und Mineralstoffgehalts empfiehlt es sich, ein- bis zweimal in der Woche Fisch zu essen. Zudem besitzt Fisch im Gegensatz zu Fleisch nur sehr wenig Bindegewebe und ist somit wesentlich leichter verdaulich.

VIELFÄLTIGES ANGEBOT
Während Fleischesser bei der Zusammenstellung ihres Speiseplans auf eine relativ kleine Auswahl an Fleischarten zurückgreifen müssen, steht den Fischessern ein enormer Variantenreichtum zur Verfügung. Allein unter den Süßwasserfischen gibt es eine so erstaunliche Vielfalt, dass für Abwechslung auf dem Teller jederzeit gesorgt ist – erst recht mit den verführerischen Rezeptideen in diesem Buch.

GESUNDHEITSASPEKTE AUF EINEN BLICK
· hoher Eiweißgehalt
· hoher Anteil an essentiellen Aminosäuren (Eiweißbausteinen)
· hoher Vitamingehalt (B, A, D)
· hoher Mineralstoffgehalt (vor allem Calcium und Kalium)
· viele mehrfach ungesättigte Fettsäuren
· hoher Gehalt an Spurenelementen (u.a. Eisen, Fluor, Jod)

DER HECHT
Ein schmackhafter Räuber

UNTER DEN FISCHEN IST ER EINER DER GROSSEN: WAS DIESEM RÄUBER ZWISCHEN DIE GEFÄHRLICHEN ZÄHNE GELANGT, HAT KAUM EINE CHANCE ZU ENTKOMMEN.

Der Hecht ist ein aggressiver Raubfisch, der seiner Beute auflauert. Er gilt als Einzelgänger, ist jedoch auch in kleinen Gruppen anzutreffen. Weil seine Zähne in Richtung Schlund geneigt sind, werden sie zur tödlichen Falle. Die Beschaffenheit seines Mauls kann aber auch für den Hecht selbst unangenehme Folgen haben. Die Zähne wirken wie Widerhaken, was es ihm zuweilen unmöglich macht, seine Beute wieder loszuwerden. Das wiederum kann, wenn er ein sehr großes Beutetier erlegt hat, für ihn tödlich enden – er erstickt an seinem Fang.

Züchten lässt sich der Hecht, der in ganz Europa vorkommt, nur schwer. Er bevorzugt klare, nicht zu warme Gewässer mit einem ausreichenden Bestand an Wasserpflanzen, die ihm für seine Überraschungsangriffe Deckung geben.

Ein ausgewachsener Hecht aus freier Wildbahn kann mehr als 1 m lang und 25 kg schwer sein. Als Speisefisch eignet er sich jedoch nur bei einem Gewicht von ca. 2 kg, dann ist sein mageres Fleisch ausgesprochen zart. Weil es jedoch von einer Vielzahl feinster und spitzer Gräten durchzogen ist, streichen Köche das Hechtfleisch am liebsten durch ein Sieb und verarbeiten es zu Hechtklößchen.

Der Hecht eignet sich aber auch für die meisten anderen Zubereitungsarten. Beim Verzehr ist dann allerdings ein wenig Vorsicht geboten! Sollte Ihnen dennoch eine Gräte im Hals stecken bleiben, hilft in den meisten Fällen das Schlucken eines Stücks gekochter Kartoffel, um die Gräte weiterzubefördern.

Fangzeit Mai bis Januar, regional unterschiedlich

HECHTKLÖSSE GRATINIERT
mit samtiger Sauce

EINE VIELSEITIGE KÖSTLICHKEIT, BESTENS GEEIGNET ALS HAUPTGERICHT,
ABER AUCH FÜR JEDES BUFFET, OB KALT ODER WARM.

Zutaten für 4 Portionen

4 Hechtfilets (à ca. 150 g)

400 ml Sahne

Salz, Pfeffer aus der Mühle

Butter zum Einfetten

1 Schalotte

50 g Butter

100 ml trockener Weißwein

2 EL Noilly Prat (Wermut)

400 ml Fischfond (Rezept
siehe Seite 36), ersatzweise
aus dem Glas

Zitronensaft und Cayennepfeffer
zum Abschmecken

besonderes Werkzeug
• Mixer

Zeitbedarf
• 45 Minuten +
  90 Minuten kühlen

So geht's

1. Die Hechtfilets kalt abspülen und trocken tupfen. Die Filets in kleine Stücke schneiden und diese in einen Mixer geben. 200 ml Sahne dazugießen und alles fein pürieren. Mit Salz und Pfeffer würzen. Das Fischpüree durch ein feines Sieb in eine Schüssel streichen. Die restlichen 200 ml Sahne dazugeben und mit einem Kochlöffel alles gut verrühren. Die Schüssel für 90 Minuten ins Tiefkühlfach stellen [→ a].

2. In einem großen Topf Salzwasser zum Kochen bringen. Eine ofenfeste Form mit Butter einfetten. Mithilfe zweier Esslöffel aus der Hechtmasse Nocken formen und im Salzwasser bei mittlerer Hitze ca. 5 Minuten gar ziehen, aber nicht kochen lassen. Die fertigen Hechtklöße mit einer Schaumkelle herausheben und in die ofenfeste Form geben.

3. Die Schalotte schälen und in kleine Würfel schneiden. In einem Topf die Hälfte der Butter schmelzen lassen, die restliche Butter kalt stellen. Die Schalottenwürfel in der Butter glasig anbraten. Weißwein und Noilly Prat hinzufügen und langsam einkochen lassen, dann mit Fischfond aufgießen. Die kalte Butter zum Eindicken in die Sauce einrühren [→ b]. Mit Salz, Pfeffer, Zitronensaft und Cayennepfeffer abschmecken.

4. Den Backofengrill (Oberhitze) vorheizen. Die Hechtklöße in der Auflaufform mit der Sauce übergießen und unter dem heißen Grill kurz überbacken.

Als Beilage passen Blattspinat und Salzkartoffeln oder Bandnudeln.

DAS IST *wirklich* WICHTIG

[a] KALT VERARBEITEN Die Hecht-masse vor der Verarbeitung unbe-dingt ins Tiefkühlfach stellen, sonst bleibt sie am Löffel hängen und die Klöße lassen sich nur schlecht formen.

[b] KALTE BUTTER Die Butter zum Eindicken immer kalt einrühren, damit die Sauce gut bindet.

PETERSBURGER HECHT
mit pikanter Sauce

EIN EDLES FISCHGERICHT AUS DEM ALTEN RUSSLAND, DAS DEN HECHT MIT DER LEICHTEN SCHÄRFE DER MEERRETTICH-SAHNE-SAUCE ADELT.

Zutaten für 4 Portionen

4 Hechtfilets (à ca. 150 g)

50 g Butter

3 mittelgroße Zwiebeln

250 ml saure Sahne

100 ml trockener Weißwein

2 – 4 EL Meerrettich aus dem Glas

Salz, Pfeffer aus der Mühle

Zeitbedarf

• 30 Minuten +
  35 Minuten garen

So geht's

1. In einem Topf Salzwasser zum Kochen bringen. Die Hechtfilets hineingeben und 2 Minuten pochieren, dann vorsichtig herausheben und auf einem sauberen Küchentuch abtropfen lassen.

2. Eine ofenfeste Form mit Butter gut einfetten und die Fischfilets hineinlegen. Den Backofen auf 180 °C (Umluft 160 °C) vorheizen.

3. Zwiebeln schälen und in dünne Ringe schneiden. In einem Topf die restliche Butter erhitzen. Die Zwiebelringe dazugeben und leicht glasig anrösten. Saure Sahne und Wein angießen. Meerrettich nach Geschmack hinzufügen. Die Sauce ca. 5 Minuten einkochen lassen. Mit Salz und Pfeffer abschmecken.

4. Die Sauce über den Fisch in der Form gießen und diese für 30 Minuten in den vorgeheizten Ofen schieben. Die fertigen Hechtfilets auf Teller anrichten und mit der Sauce begießen.

Als Beilage passen Kartoffeln oder Bandnudeln, aber auch Reis.

HECHTFILETS
mit Speck und Käse

SPECK UND KÄSE PASSEN NICHT ZU JEDEM FISCH, ABER DAS SAFTIGE HECHT-
FLEISCH VERTRÄGT DEN INTENSIVEN EIGENGESCHMACK DER BEIDEN ZUTATEN.

Zutaten für 4 Portionen

4 Hechtfilets ohne Haut
(à ca. 150 g)

Salz, Pfeffer aus der Mühle

100 g durchwachsener Speck
oder italienische Coppa, dünn
geschnitten

1 mittelgroße Zwiebel

50 g Butter

¼ l Wasser

⅛ l trockener Weißwein

6 Pfefferkörner

1 Lorbeerblatt

½ Bund Petersilie

½ Zitrone

¼ l Sahne

Paprikapulver (edelsüß)

150 g geriebener Käse,
vorzugsweise Emmentaler

Zeitbedarf
• 30 Minuten +
  60 Minuten garen

So geht's

1. Die Hechtfilets unter fließendem kaltem Wasser waschen und trocken tupfen. Leicht salzen und pfeffern, dann mit den Speck- oder
Coppa-Scheiben belegen.

2. Die Zwiebel schälen und in kleine Würfel schneiden. Eine ofenfeste
Form mit Butter auspinseln. Die Zwiebelwürfel einstreuen und die
Fischfilets darauflegen.

3. Wasser und Wein in einen Topf geben. Pfefferkörner, Lorbeerblatt
und Petersilie hinzufügen und ca. 20 Minuten bei mittlerer Hitze
köcheln lassen.

4. Den Backofen auf 160 °C (Umluft 140 °C) vorheizen. Den Sud durch
ein Sieb in ein Gefäß gießen, dann über die Hechtfilets in der Form
geben. Den Fisch im vorgeheizten Ofen 35 Minuten garen.

5. Die Zitrone auspressen. Die Form aus dem Ofen nehmen und die
Garflüssigkeit vorsichtig in einen Topf abgießen. Die Hälfte der
Sahne dazugeben und die Sauce etwas einkochen lassen. Mit wenig
Butter, Zitronensaft, Salz und Paprikapulver abschmecken. Die
restliche Sahne steif schlagen und unter die nicht mehr kochende
Sauce rühren.

6. Den Backofen auf Oberhitze schalten. Die Fischfilets mit der Sauce
übergießen und mit dem geriebenen Käse bestreuen. Im heißen
Ofen kurz überbacken, bis der Käse zerlaufen und hellbraun ist.

Als Beilage passen Salz- oder Petersilienkartoffeln, lauwarmer Kartoffelsalat oder saftiger Langkornreis. Dazu schmeckt ein frisches Bier.

GANZER HECHT
in Riesling-Sahne-Sauce

SO MÖGEN IHN DIE ELSÄSSER BESONDERS GERNE: DER HECHT BADET IN TROCKENEM RIESLING UND BEKOMMT EINEN WUNDERBAREN WEINGESCHMACK.

Zutaten für 4 Portionen

1 ganzer, küchenfertiger Hecht (1 ½ – 2 kg)

Salz

5 Schalotten

Pfeffer aus der Mühle

100 g gesalzene Butter

wenig Knoblauch nach Belieben

Butter für die Form

300 ml Sahne

250 ml trockener Riesling

1 Bund glatte Petersilie

besonderes Werkzeug
• große ofenfeste Form

Zeitbedarf
• 45 Minuten +
  45 Minuten garen

So geht's

1. Den Hecht unter fließendem kaltem Wasser gut abspülen und mit einem Küchentuch vorsichtig trocken tupfen. Den Fisch innen und außen salzen.

2. Die Schalotten schälen, in sehr kleine Würfel schneiden und mit einer Gabel möglichst fein zerdrücken [→ a]. Die Masse salzen und pfeffern und mit der gesalzenen Butter verkneten. Je nach Geschmack kann auch ein wenig gepresster Knoblauch hinzugefügt werden.

3. Die Oberseite des Hechts mit der Schalottenbutter dick bestreichen, am besten mit der flachen Seite eines Brotmessers. Eine große ofenfeste Form mit Butter einpinseln und den Fisch hineinlegen. Den Backofen auf 180 °C (Umluft 160 °C) vorheizen.

4. Sahne und Riesling in einer Schüssel gut verrühren, dann über den Fisch gießen. Die Form in den vorgeheizten Backofen schieben und den Hecht 45 Minuten garen. Während dieser Zeit etwa alle 5 Minuten mit dem austretenden Bratensaft übergießen.

5. Die Petersilie zupfen und fein hacken. Den Hecht aus dem Ofen nehmen, in Portionen zerteilen und auf Teller anrichten. Mit Sauce begießen und mit gehackter Petersilie bestreuen.

Als Beilage eignen sich Kartoffeln ebenso wie breite Bandnudeln, die vor dem Servieren in Butter geschwenkt werden. Als Getränk passt am besten der Riesling, der zum Kochen verwendet wurde.

[a]

DAS IST *wirklich* WICHTIG

....

[a] SCHALOTTEN ZERDRÜCKEN

Die Schalotten sollten zu einer möglichst feinen Masse zerdrückt werden, damit sie sich besser mit der Butter verbinden.

KARPFEN, BRASSE, WELS
Drei, die gut in der Pfanne liegen

KARPFEN

Bei deutschen Züchtern hat der Karpfen eine lange Tradition – und bei deutschen Hausfrauen auch. Er wird von Fischzüchtern vor allem in der Zeit von Oktober bis April angeboten und traditionell zu Weihnachten, Silvester oder Ostern zubereitet. Er liebt schlammigen Untergrund und schmeckt, wenn er nicht richtig gewässert wurde, manchmal leicht erdig. Ursprünglich stammt der Karpfen aus dem Gebiet des Kaspischen Meeres, doch schon zu Zeiten der Römer und Griechen wurde er in europäischen Gewässern angesiedelt.

Heute stammen rund 90 Prozent der Speisekarpfen aus der Teichwirtschaft, der Rest aus Flüssen und Seen. Obwohl ein Karpfen bis zu 40 Jahre alt werden und ein Gewicht von bis zu 30 kg erreichen kann, verkauft Ihnen der Züchter den Fisch in der Regel bereits, wenn er rund 3 Jahre alt und etwa 1 kg schwer ist: Dann schmeckt er am besten. Die Zubereitungsmöglichkeiten reichen vom Dämpfen oder Dünsten bis zum Braten. Der Karpfen eignet sich aber auch zum Räuchern.

Fangzeiten Juni bis Februar, regional unterschiedlich

BRASSE

Die Brasse, auch Brachse genannt und von Anglern ihrer Form wegen manchmal auch als Gummistiefel bezeichnet, ist ein 30 bis ca. 60 cm langer, wie der Karpfen sehr grätenreicher Weißfisch.

Es gibt nicht nur im Süßwasser lebende Arten, sondern auch Meerbrassen oder Seebrassen, die im Salzwasser vorkommen. Brassen schmecken gebraten und gedämpft sehr gut, lieben aber auch kräftig gewürzte Saucen.

Fangzeiten April bis Oktober

WELS ODER WALLER

Eine Schönheit ist er nicht, der größte Süßwasserfisch Deutschlands, der bis zu 3 m lang und mehr als 150 kg schwer werden kann. Er besitzt einen schuppenlosen, platten Körper mit schleimiger Haut und einen sich nach hinten verjüngenden, langen Schwanz. Der flache Kopf mit den sechs langen Bartfäden macht das Ungeheuer fast perfekt. Wegen seines furchterregenden Aussehens ranken sich schon seit Jahrhunderten schaurige Legenden um diesen Fisch. Dafür ist er bei Köchen umso beliebter. Sein weißes Fleisch hat kaum Gräten und ist sehr fest. Außerdem ist er trotz des relativ hohen Fettgehalts äußerst wohlschmeckend und für viele Zubereitungsarten geeignet: Er kann gebraten, gedämpft, geräuchert oder zu Klößchen verarbeitet werden.

Fangzeiten Juli bis Mai, regional unterschiedlich

KARPFEN BLAU
Ein Klassiker der Fischküche

EINE SCHMACKHAFTE, BEKÖMMLICHE ZUBEREITUNGSART, DIE SEIT GENERATIONEN IN JEDER KÜCHE ZUR ANWENDUNG KOMMT.

Zutaten für 4 Portionen

1 mittelgroße Zwiebel

1 Bund Suppengemüse

3 Gewürznelken

1 Lorbeerblatt

10 Pfefferkörner

5 Pimentkörner

Salz

5 EL Essig

1 küchenfertiger Karpfen (ca. 1 ½ kg)

besonderes Werkzeug
• ovaler Fischbräter mit Deckel

Zeitbedarf
• 15 Minuten +
  35 Minuten garen

So geht's

1. Die Zwiebel schälen. Das Suppengemüse waschen und in mittelgroße Stücke schneiden. Zwiebel und Gemüse zusammen mit Gewürznelken, Lorbeerblatt, Pfeffer- und Pimentkörnern, einer guten Prise Salz und dem Essig in den Fischbräter geben, mit Wasser auffüllen und zum Kochen bringen.

2. Den Karpfen unter fließendem kaltem Wasser vorsichtig abwaschen [→ a], dann in den kochenden Sud legen. Der Fisch muss vollständig mit Flüssigkeit bedeckt sein, sonst noch Wasser nachgießen. Den Fischbräter verschließen, die Temperatur etwas reduzieren und den Karpfen bei mittlerer Hitze ca. 35 Minuten ziehen lassen [→ b]. Der Fisch ist gar, wenn sich seine Rückenflosse leicht herausziehen lässt.

3. Eine große Servierplatte im Ofen vorwärmen. Den gegarten Karpfen aus dem Sud heben und auf der Platte anrichten.

Als Beilage passen am besten Salzkartoffeln.

SO SCHMECKT'S AUCH Wer dem Karpfen eine zusätzliche pikante Note geben möchte, reibt vor dem Servieren frischen Meerrettich darüber.

[a]

DAS IST *wirklich* WICHTIG

. . . .

[a] VORSICHTIG WASCHEN Den Karpfen vorsichtig abwaschen, damit die Schleimschicht nicht verletzt wird und der Fisch beim Garen im Sud blau bleibt.

[b] NICHT KOCHEN Beim Garen im Fischbräter darauf achten, dass der Sud unter dem Siedepunkt bleibt und nicht aufkocht.

GOLDGELBE KRUSTE FERTIG GEBRATEN

DAS IST *wirklich* WICHTIG

[a] MEHL SATT Je öfter der Fisch im Mehl gewendet wird, desto knuspriger wird die Kruste.

[b] KONTROLLIERTE HITZE Während des Bratens unbedingt in der Nähe der Pfanne bleiben. Die Bratbutter darf nicht zu heiß und der Fisch nicht schwarz werden.

KARPFEN MIT BIERKRUSTE
goldgelb ausgebacken

EIN EINFACHES UND SCHNELL ZUBEREITETES KARPFENREZEPT,
MIT DEM MAN NICHT NUR AM FREITAG PUNKTET.

Zutaten für 4 Portionen

4 Karpfenfilets (à ca. 180 g)

Salz, Pfeffer aus der Mühle

¼ l dunkles Bier

200 g Mehl

150 g Butterschmalz

1 Zweig Rosmarin

Zeitbedarf
• 35 Minuten

So geht's

1. Die Karpfenfilets kalt abspülen und trocken tupfen. Die Filets halbieren und auf beiden Seiten mit Salz und Pfeffer einreiben.

2. Das Bier in eine Schüssel, das Mehl auf einen Teller geben. Die Fischstücke mehrmals in das Bier tauchen. Anschließend in Mehl wenden, bis sie ganz bedeckt sind [→ a]. Überschüssiges Mehl abklopfen.

3. Butterschmalz in einer Pfanne erhitzen, den Rosmarinzweig dazugeben. Die Karpfenstücke hineingeben und auf beiden Seiten goldgelb ausbacken [→ b].

Dazu passen hausgemachter lauwarmer Kartoffelsalat mit Speck und ein Klecks Remouladensauce.

Die Variante

Käse-Karpfen
Eine Panade aus 100 g Mehl und 100 g frisch geriebenem Parmesan mischen. Die gewürzten Karpfenstücke nicht durch Bier, sondern durch geschlagenes Ei ziehen und anschließend panieren. In Butterschmalz ausbacken und mit Remouladensauce servieren.

KARPFEN GEBACKEN

mit Meerrettich und Gemüse

MIT GEMÜSE GEFÜLLT UND MIT EINER WÜRZIGEN MEERRETTICHKRUSTE GEBACKEN:
SO ZUBEREITET PASST DER KARPFEN AUCH IN DIE WÄRMERE JAHRESZEIT.

Zutaten für 4 Portionen

1 küchenfertiger Karpfen
(ca. 1 ½ kg)

1 mittelgroße Zwiebel

1 Möhre

½ Sellerie

½ Stange Lauch

Salz, Pfeffer aus der Mühle

150 g Meerrettich aus dem Glas

Olivenöl zum Einpinseln

½ Bund Petersilie

besonderes Werkzeug
· Zahnstocher
· Alufolie

Zeitbedarf
· 30 Minuten +
  60 Minuten garen

So geht's

1. Den Backofen auf 180 °C (Umluft 160 °C) vorheizen. Den Karpfen kalt abspülen und mit einem Küchentuch trocken tupfen.

2. Zwiebel, Möhre und Sellerie schälen, Lauch waschen. Alles in kleine Würfel schneiden und in einer Schüssel gut vermischen.

3. Den Karpfen innen und außen mit Salz und Pfeffer einreiben, mit dem Gemüse füllen und mit Zahnstochern gut verschließen. Die Oberseite des Fisches mit der flachen Seite eines breiten Messers gleichmäßig mit dem Meerrettich bestreichen.

4. Ein Backblech mit Alufolie auslegen und diese mit Olivenöl einpinseln. Den Karpfen auf das Blech legen und im vorgeheizten Ofen 60 Minuten backen. Alle 10 Minuten mit dem austretenden Saft beträufeln.

5. Die Petersilie zupfen und fein hacken. Den Karpfen auf einer großen Platte anrichten und mit der gehackten Petersilie bestreuen. Den Saft vom Blech in eine Sauciere gießen und zum Fisch servieren.

Dazu Salz- oder Petersilienkartoffeln sowie mit Sahne verfeinerte Möhren als Gemüsebeilage reichen.

KARPFENFILETS
mit Lebkuchensauce

KARPFEN AN KRÄFTIGER LEBKUCHENSAUCE – EIN EINFACHES,
KLASSISCHES REZEPT NICHT NUR FÜR DIE VORWEIHNACHTSZEIT.

Zutaten für 4 Portionen

4 Karpfenfilets (à ca. 180 g)

6 EL Essig

50 g Rosinen

warmes Wasser zum Einweichen

1 Bund Suppengemüse

1 große Zwiebel

50 g Butter

⅛ l warmes Wasser

1 Lorbeerblatt

Salz, Pfeffer aus der Mühle

gemahlener Piment

¼ l Malzbier

50 g Lebkuchen

2 EL Saucenbinder

Saft von ½ Zitrone

Zucker

Zeitbedarf
· 30 Minuten +
  30 Minuten marinieren +
  40 Minuten garen

So geht's

1. Die Karpfenfilets kalt abspülen, trocken tupfen und halbieren.
   Mit dem Essig beträufeln und 30 Minuten marinieren.

2. Die Rosinen in warmem Wasser einweichen. Das Suppengemüse
   putzen und klein schneiden. Die Zwiebel schälen und in kleine
   Würfel schneiden.

3. Die Butter in einem Topf zergehen lassen und darin das Suppengemüse bei kleiner Hitze 5 Minuten andünsten. Mit dem warmen
   Wasser aufgießen. Zwiebel, Rosinen und Lorbeerblatt dazugeben
   und mit Salz, Pfeffer und Piment würzen. Den Sud 15 Minuten
   kochen lassen. Dann die Hälfte des Malzbiers hinzufügen und den
   Sud ca. 5 Minuten bei mittlerer Hitze ziehen lassen.

4. Lebkuchen in eine Schüssel geben und das restliche Bier darü-
   bergießen. Den Lebkuchen gut aufweichen lassen, dann zum Sud
   geben und diesen noch einmal aufkochen.

5. Die marinierten Karpfenfilets in den Sud legen und 20 Minuten
   ziehen, aber nicht kochen lassen. Den Backofen auf 120 °C (Umluft 100 °C) vorheizen. Nach Ende der Garzeit den Fisch aus dem
   Sud nehmen und im Ofen warm stellen.

6. Den Sud mit Saucenbinder andicken und mit Salz, Pfeffer, Zitronensaft und Zucker abschmecken. Die Karpfenfilets auf Teller
   anrichten und mit der Sauce begießen.

Als Beilage passen Salzkartoffeln und in Butter geschwenkte Möhren
und Erbsen oder ein grüner Salat.

KARPFEN IN BIERSAUCE
herzhaft und würzig

WENN HOPFEN UND MALZ AUF EINEN KARPFEN TREFFEN, ENTSTEHT EINE SCHMACKHAFTE LIAISON. DAZU PASST NATÜRLICH EIN KÜHLES BIER AM BESTEN.

Zutaten für 4 Portionen

4 Karpfenfilets (à ca. 180 g)

Saft von ½ Zitrone

1 mittelgroße Zwiebel

1 Bund Suppengemüse

5 EL Öl

125 g Butter

4 cl Balsamico-Essig

1 EL Honig

½ l Bier

Salz, Pfeffer aus der Mühle

4 Stängel glatte Petersilie

Zeitbedarf
• 45 Minuten

So geht's

1. Die Karpfenfilets kalt abspülen und trocken tupfen. Mit Zitronensaft beträufeln und auf beiden Seiten mit Salz und Pfeffer einreiben.

2. Zwiebel und Suppengemüse schälen und in kleine Würfel schneiden. Das Öl in einem Topf erhitzen und Zwiebel und Gemüse darin anbraten. Das Öl vorsichtig abgießen. 1 EL Butter zum Gemüse geben, mit Balsamico-Essig ablöschen und den Honig hinzufügen. Mit Bier auffüllen und einige Minuten kochen lassen. Den Fond durch ein Sieb in eine Schüssel abgießen und wieder in den Topf geben.

3. In einer Pfanne die Hälfte der restlichen Butter erhitzen und die Karpfenfilets darin auf beiden Seiten goldbraun anbraten. Die restliche Butter kalt stellen.

4. Den Backofen auf 120 °C (Umluft 100 °C) vorheizen. Die angebratenen Filets in den Fond legen und 10 Minuten gar ziehen lassen. Herausnehmen und im Ofen warm stellen.

5. Den Fond auf ein Drittel einkochen lassen, dann die kalte Butter einrühren. Mit Salz, Pfeffer und einem Schuss Balsamico abschmecken. Die Sauce darf jetzt nicht mehr kochen.

6. Die Petersilie zupfen und fein hacken. Die Karpfenfilets auf Teller anrichten, die Sauce darübergeben und mit gehackter Petersilie bestreuen.

Dazu schmecken am besten Salzkartoffeln.

MARINIERTE BRASSE
in Tomatensauce

DURCH DIE WÜRZIGE MARINADE BEKOMMT DER OHNEHIN SCHON
AROMATISCHE FISCH EINEN NOCH VIEL FEINEREN GESCHMACK.

Zutaten für 4 Portionen

4 Flussbrassenfilets (à ca. 180 g)

80 g Schalotten

2 Knoblauchzehen

50 g Möhren

40 g Petersilienwurzel

2 kleine Chilischoten

5 Zweige Thymian

1 Zweig Rosmarin

1 TL weiße Pfefferkörner

Salz

½ l trockener Rotwein

7 EL Olivenöl

1 EL Mehl

2 EL Tomatenmark

⅛ Liter Fischfond (Rezept
siehe Seite 36), ersatzweise
aus dem Glas

250 g Eiertomaten

2 Stängel Petersilie

Zeitbedarf

• 30 Minuten +
5 Stunden marinieren

So geht's

1. Die Brassenfilets in 3 – 4 cm breite Stücke schneiden. Schalotten, Knoblauch, Möhren und Petersilienwurzel schälen und in Scheiben schneiden. Chilischoten halbieren, entkernen und in feine Streifen schneiden. Gemüse, 4 Zweige Thymian, Rosmarin, Pfefferkörner und ½ TL Salz abwechselnd mit den Fischstücken in eine Schüssel schichten und mit dem Rotwein übergießen. Die Schüssel abdecken und für 5 Stunden in den Kühlschrank stellen.

2. Den Fisch aus der Marinade nehmen und trocken tupfen. Die Marinade durch ein Sieb in eine Schüssel gießen.

3. In einer Pfanne 3 EL Olivenöl erhitzen und Gemüse und Gewürze aus der Marinade darin scharf anbraten. Die durchgesiebte Marinade hinzugeben und auf die Hälfte einkochen lassen. Dann alles durch ein feines Sieb abgießen und die eingekochte Marinade beiseitestellen.

4. Den Backofen auf 120 °C (Umluft 100 °C) vorheizen. Die Brassenstücke im Mehl wenden, überschüssiges Mehl abklopfen. In der Pfanne 4 EL Olivenöl erhitzen und den Fisch darin von beiden Seiten anbraten. Herausnehmen und im Ofen warm stellen.

5. Das Tomatenmark in die Pfanne geben und kurz anrösten. Den Fischfond und die eingekochte Marinade angießen. Bei kleiner Hitze ca. 20 Minuten köcheln lassen.

6. Die Tomaten kurz überbrühen, häuten, entkernen und in kleine Würfel schneiden. Tomatenwürfel und angebratene Fischfilets in die Sauce geben und alles nochmals 10 Minuten ziehen lassen.

7. Petersilie und restlichen Thymian zupfen und fein hacken. Den Fisch auf Teller anrichten, mit der Sauce begießen und mit den Kräutern bestreuen.

Als Beilage passen sowohl Salzkartoffeln als auch Spaghetti.

DAS IST *wirklich* WICHTIG

[a] KALTE BUTTER Die Butter, die in den Fond eingerührt wird, muss unbedingt kalt sein. Danach darf die Sauce nicht mehr kochen, damit die Butter nicht gerinnt.

[b] SCHÄRFE DOSIEREN Vorsicht bei der Dosierung des Cayennepfeffers. Beginnen Sie mit einer Messerspitze und schmecken Sie die Sauce immer wieder ab, damit sie nicht zu scharf wird.

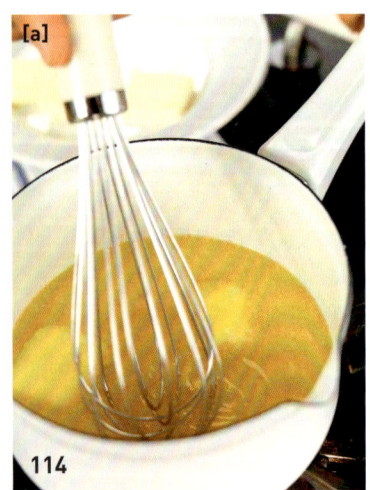

[a]

BRASSEN MIT MÖHREN
und Zitronen-Kapern-Sauce

ZUM GEBRATENEN FISCH EINE SÄUERLICHE SAUCE MIT ZITRONE UND KAPERN: EIN HERRLICH ERFRISCHENDES SOMMERGERICHT.

Zutaten für 4 Portionen

4 Flussbrassenfilets (à ca. 180 g)

1 EL Kapern

4 große Möhren

50 g Butter

1 Bund Petersilie

Salz, Cayennepfeffer

⅛ Liter Fischfond (Rezept siehe Seite 36), ersatzweise aus dem Glas

4 cl Weißwein

1 Zitrone

100 g kalte Butter

25 g Sahne

Pfeffer aus der Mühle

Zeitbedarf
• 45 Minuten

So geht's

1. Die Brassenfilets kalt abspülen und trocken tupfen. Die Kapern unter fließendem Wasser kurz abwaschen, dann trocken tupfen und fein hacken.

2. Die Möhren schälen und in kleine Würfel schneiden. 25 g Butter in einer Pfanne erhitzen und die Möhren darin leicht andünsten. Mit Wasser knapp bedecken und ca. 10 Minuten bissfest garen. Petersilie zupfen, fein hacken und unter die Möhren mischen. Mit Salz und Cayennepfeffer abschmecken.

3. Fischfond und Weißwein in einen Topf geben und auf ein Drittel einkochen lassen. Die Zitrone auspressen und zum Fond geben. Die kalte Butter in Scheiben schneiden und mit dem Schneebesen nach und nach in den Fond einrühren [→ a]. Die gehackten Kapern hinzufügen. Die Sahne steif schlagen und unter die Sauce ziehen. Mit Salz und Cayennepfeffer [→ b] abschmecken.

4. Die Brassenfilets auf beiden Seiten mit Salz und Pfeffer würzen. 25 g Butter in einer Pfanne erhitzen und die Fischfilets darin von jeder Seite 2 – 3 Minuten braten.

5. Die Fischfilets auf Teller anrichten, mit Sauce begießen und die Möhren rundherum verteilen.

Dazu passen kleine Pellkartoffeln, halbiert und mit der Schale in Olivenöl geröstet.

SO SCHMECKT'S AUCH Für dieses Rezept eignet sich auch Zander sehr gut.

Die Variante

Brasse mit Peperonata
Je 1 rote und gelbe Paprikaschote halbieren, von Kernen und weißer Haut befreien und klein schneiden. 1 Zucchini waschen, halbieren und klein schneiden. 1 große Zwiebel schälen, klein schneiden und in Öl anschwitzen. Gemüse dazugeben und einige Minuten dünsten. 1 EL Zucker darüberstreuen, kurz mitbraten. Mit 2 EL Weißweinessig und 2 EL Wasser ablöschen und weich dünsten. Die Peperonata auskühlen lassen und zu den gebratenen Brassenfilets servieren.

BRASSENFILETS
mit Rotwein-Schalotten

GOLDBRAUN GEBRATENER FISCH, DAZU IN ROTWEIN GESCHMORTE SCHALOTTEN
IN WÜRZIGER BUTTERSAUCE – EINE PERFEKTE KOMBINATION.

Zutaten für 4 Portionen

4 Flussbrassenfilets (à ca. 180 g)

12 kleine Schalotten

½ l kräftiger Rotwein

2 cl Portwein

60 g kalte Butter

Salz, Cayennepfeffer

Pfeffer aus der Mühle

Olivenöl zum Braten

Zeitbedarf

· 40 Minuten

So geht's

1. Die Fischfilets unter fließendem kaltem Wasser abspülen und
   trocken tupfen. Die Schalotten schälen und die festen äußeren
   Häute entfernen.

2. Den Rotwein in einem Topf aufkochen, die Schalotten hinein-
   geben und bei schwacher Hitze ziehen lassen, bis sie weich sind.
   Von dem Rotweinfond 0,2 l abmessen und in einen Topf geben.
   Den Portwein hinzufügen und den Fond auf 0,1 l einkochen lassen.

3. Die kalte Butter in Stücke schneiden und nach und nach in den
   heißen Fond einrühren. Mit Salz und Cayennepfeffer abschmecken.
   Die Sauce darf jetzt nicht mehr kochen. Die weich gekochten Schalotten in die Sauce geben.

4. Die Brassenfilets auf beiden Seiten salzen und pfeffern. Olivenöl
   in einer Pfanne erhitzen und den Fisch darin bei mittlerer Hitze
   auf jeder Seite 2 Minuten goldbraun braten. Die Fischfilets zusammen mit den Schalotten und der Sauce auf Teller anrichten.

Dazu schmecken Salzkartoffeln oder Reis.

GEDÜNSTETE BRASSE
auf süßsaurem Linsengemüse

FISCH MUSS NICHT IMMER GEBRATEN WERDEN, AUCH GEDÜNSTET
ZEIGT ER SICH VON SEINER BESTEN SEITE.

Zutaten für 4 Portionen

500 g braune Linsen

4 Flussbrassenfilets (à ca. 180 g)

3 kleine rote Zwiebeln

100 g Knollensellerie

100 g Möhren

100 g Lauch

½ l Gemüsebrühe

100 g Butter

50 ml Balsamico-Essig

250 g Crème fraîche

Salz, Pfeffer aus der Mühle

Zucker

¼ l Fischfond (Rezept siehe
Seite 36), ersatzweise aus
dem Glas

¼ l Weißwein

1 Bund Schnittlauch

Zeitbedarf

· 12 Stunden einweichen +
  30 Minuten +
  40 Minuten garen

So geht's

1. Am Vorabend die Linsen abspülen, in eine Schüssel geben, mit kaltem Wasser bedecken und über Nacht einweichen.

2. Die Brassenfilets kalt abspülen und trocken tupfen. Die Zwiebeln schälen und in kleine Würfel schneiden. Sellerie und Möhren schälen, Lauch halbieren und gut waschen. Das Gemüse in kleine Würfel schneiden.

3. Die eingeweichten Linsen abgießen und in der Gemüsebrühe 30 Minuten bissfest garen. Die Linsen über einem Topf durch ein Sieb gießen, dann unter fließendem kaltem Wasser abschrecken. Die aufgefangene Brühe aufbewahren.

4. Butter in einem Topf schmelzen. Die Gemüsewürfel hineingeben und andünsten, dann die Linsen hinzufügen. Mit Balsamico-Essig und der aufbewahrten Brühe ablöschen. Die Crème fraîche zugeben und alles gut verrühren. Mit Salz, Pfeffer und wenig Zucker abschmecken. Kurz aufkochen lassen.

5. Fischfond und Wein in einem Topf aufkochen, dann die Temperatur auf mittlere Hitze herunterschalten. Die Fischfilets mit Salz und Pfeffer würzen, in den Sud geben und den Topf verschließen. Die Filets ca. 10 Minuten dünsten.

6. Den Schnittlauch in feine Röllchen schneiden. Das Linsengemüse gleichmäßig auf Teller verteilen, die gedünsteten Brassenfilets daraufsetzen und mit Schnittlauch bestreuen.

Dazu kleine neue Pellkartoffeln oder Basmatireis servieren.

WELS IM WEISSWEINSUD
mit Wurzelgemüse

HIER SCHWIMMT DER FISCH IN EINEM WEINSUD UND BEKOMMT
DADURCH EINE BESONDERS FEINE, AROMATISCHE NOTE.

Zutaten für 4 Portionen

1 küchenfertiger Wels (ca. 2 kg)

1 Zitrone

Salz

Für den Wurzelsud

1 große Zwiebel

1 Stange Lauch

1 Möhre

¼ Sellerie

5 Wacholderbeeren

5 Pfefferkörner

1 Bund Dill

1 Bund glatte Petersilie

1 Stängel Estragon

50 g Butter

2 l Wasser

400 ml trockener Weißwein

2 Lorbeerblätter

Zeitbedarf
• 30 Minuten +
  30 Minuten garen

So geht's

1. Den Wels unter fließendem kaltem Wasser abwaschen und mit einem sauberen Küchentuch trocken tupfen. Die Zitrone auspressen und den Fisch gleichmäßig mit dem Saft beträufeln. Innen und außen mit Salz einreiben.

2. Für den Wurzelsud die Zwiebel schälen und in dünne Scheiben schneiden. Den Lauch waschen und in feine Ringe schneiden. Möhre und Sellerie schälen und in feine Stifte schneiden. Wacholderbeeren und Pfefferkörner mit der flachen Seite eines breiten Messers zerdrücken. Dill, Petersilie und Estragon zupfen und fein hacken.

3. Butter in einem großen Topf zerlassen. Die Zwiebelringe darin glasig anbraten, dann das Gemüse und die gehackten Kräuter dazugeben und bei mittlerer Hitze 2–3 Minuten dünsten lassen [→ a]. Mit Wasser und Wein aufgießen [→ b]. Die zerdrückten Wacholderbeeren und Pfefferkörner sowie die Lorbeerblätter hinzufügen, aufkochen und 10 Minuten kochen lassen.

4. Den Wels in den kochenden Sud geben, nach 2 Minuten auf mittlere Hitze zurückschalten und den Fisch 15 Minuten gar ziehen lassen [→ c].

5. Den Wels aus dem Sud heben und auf eine große Platte anrichten. Den Sud weiter einkochen lassen. Währenddessen den Wels in Portionen zerteilen (Haut entfernen) und zusammen mit dem Wurzelgemüse auf Teller anrichten. Mit etwas Sud begießen.

Klassische Beilagen sind Salz- oder Petersilienkartoffeln, zum Wels im Sud schmeckt aber auch körniger Reis.

[a]

DAS IST *wirklich* WICHTIG

[a] **VORSICHTIG DÜNSTEN** Das Gemüse bei nicht zu hoher Temperatur in der Butter dünsten. Ist die Butter zu heiß, wird das Gemüse bitter.

[b] **DER GLEICHE WEIN** Für den Sud denselben Wein verwenden, der auch zum Fisch getrunken wird.

[c] **SIEDEPUNKT BEACHTEN** Beim Garen immer darauf achten, dass der Sud unter dem Siedepunkt bleibt, sonst zerfällt der Fisch.

119

WELSFILET-SPIESSE
mit Paprika und Schalotten-Chili-Butter

FISCH EINMAL ANDERS: DIE PIKANTE VARIANTE MIT PAPRIKA AM SPIESS
BRINGT ABWECHSLUNG UND FARBE AUF DEN TELLER.

Zutaten für 4 Portionen

4 Welsfilets ohne Haut
(à ca. 150 g)

1 Zitrone

Salz, Pfeffer aus der Mühle

1 rote Paprikaschote

1 grüne Paprikaschote

1 Knoblauchzehe

1 Schalotte

1 Bund Petersilie

Sonnenblumenöl zum Braten

2 Zweige Thymian

50 g Butter

1 TL Cayennepfeffer oder
Chilipulver

besonderes Werkzeug
• 4 Spieße aus Holz oder Metall

Zeitbedarf
• 40 Minuten

So geht's

1. Die Welsfilets gut abspülen und vorsichtig trocken tupfen. Die
Zitrone auspressen und die Filets mit dem Saft beträufeln. Auf
beiden Seiten mit Salz und Pfeffer würzen, dann in gleichmäßige,
mittelgroße Stücke schneiden.

2. Die Paprikaschoten waschen und halbieren. Kerngehäuse und
weiße Haut entfernen. Die Schoten in gleichmäßige, mittelgroße
Vierecke schneiden. Fischstücke und rote und grüne Paprika-
vierecke abwechselnd auf 4 Holz- oder Metallspieße stecken.

3. Den Ofen auf 120 °C (Umluft 100 °C) vorheizen. Die Knoblauchzehe schälen, die Schalotte schälen und in feine Würfel schneiden.
Die Petersilie zupfen und fein hacken.

4. Das Öl in einer Pfanne erhitzen und die Fischspieße hineinlegen.
Die Pfanne mit einem Deckel verschließen und die Spieße
5 Minuten braten. Zwischendurch mehrmals wenden. Die fertig
gebratenen Spieße auf eine Platte geben und im vorgeheizten
Ofen warm stellen.

5. Die Knoblauchzehe durch die Presse direkt ins heiße Öl in der
Pfanne drücken. Thymianzweige, Schalotte und Petersilie dazugeben und alles scharf anbraten. Hitze reduzieren, dann erst die
Butter hineingeben. Zum Schluss Cayennepfeffer oder Chilipulver
dazugeben und alles verrühren.

6. Die Spieße auf Teller anrichten und mit der heißen Schalotten-
Chili-Butter übergießen.

SO SCHMECKT'S AUCH Die Welsfilet-Spieße können auch auf offenem
Feuer gegrillt werden. Parallel dazu wird die Schalotten-Chili-Butter wie
beschrieben in der Pfanne zubereitet.

WELS IN MEERRETTICHSAUCE
mit Erbsen-Möhren-Püree

BEI DIESER ZUBEREITUNGSART WIRD DAS SAFTIGE WELSFLEISCH BESONDERS AROMATISCH. EIN HERZHAFTES ALLTAGSGERICHT.

Zutaten für 4 Portionen

4 Welsfilets ohne Haut (à ca.150 g)

½ Zitrone

Salz, Pfeffer aus der Mühle

2 EL Mehl

100 g Butter

400 ml Fischfond (Rezept siehe Seite 36), ersatzweise aus dem Glas

400 ml + 2 EL Sahne

50 g frischer Meerrettich

1 Bund Petersilie

250 g Möhren

250 g Erbsen

besonderes Werkzeug
• Stabmixer

Zeitbedarf
• 30 Minuten +
40 Minuten garen

So geht's

1. Die Welsfilets waschen und gut trocken tupfen. Die Zitrone auspressen und die Filets mit dem Saft beträufeln. Mit Salz und Pfeffer würzen, dann im Mehl wenden. Überschüssiges Mehl abklopfen.

2. Gut ⅔ der Butter in einer Pfanne schmelzen lassen. Die Fischfilets hineingeben und bei mittlerer Hitze auf jeder Seite 3–4 Minuten goldbraun braten. Den Backofen auf 180 °C (Umluft 160 °C) vorheizen.

3. Eine mittelgroße Auflaufform mit etwas Butter einpinseln, die Filets hineinlegen und mit dem Fischfond und 400 ml Sahne aufgießen. Der Fisch sollte bedeckt sein. Den Meerrettich schälen, reiben und über den Fisch streuen. Die Form für ca. 25 Minuten in den heißen Backofen schieben.

4. Die Petersilie zupfen und fein schneiden oder hacken. Die Möhren schälen und klein schneiden. Zusammen mit den Erbsen in Salzwasser ca. 10 Minuten köcheln lassen. Möhren und Erbsen durch ein Sieb abgießen und in den Topf zurückgeben. Ein kleines Stück Butter und 2 EL Sahne sowie die gehackte Petersilie hinzufügen und das Gemüse mit einem Stabmixer pürieren. Mit Salz und Pfeffer abschmecken.

5. Die Welsfilets aus der Form nehmen. Den Sud in einen Topf gießen und mit dem Stabmixer oder Schneebesen schaumig aufrühren. Die Fischfilets auf Teller legen und mit der Sauce begießen. Das Erbsen-Möhren-Püree dazu anrichten.

Als Beilage passen am besten Salzkartoffeln, aber auch breite Bandnudeln, die mit einem Stück gesalzener Butter verfeinert werden können.

DIE NETZWERKER
Berufsfischer auf Seen und Flüssen

NICHT NUR DAS, WAS DAS LAND IHNEN BIETET, NÄHRT DIE MENSCHEN,
AUCH DIE MEERE, SEEN UND FLÜSSE TUN ES SEIT JAHRTAUSENDEN.

Ihre Tage beginnen früh, und wenn Büromenschen aufstehen, haben sie bereits einen Teil ihres Pensums geschafft: Heute wie immer schon fahren Fischer im Morgengrauen hinaus, um Beute zu machen. Die Figur des Fischers ist fest verwurzelt in der Mythologie der Völker. Im deutschen Sprachraum kennen viele das Märchen „Vom Fischer und seiner Frau". Traditionelle Bräuche der Fischerzünfte werden auch im 21. Jahrhundert bei großen Volksfesten gepflegt, etwa das Fischerstechen, das auf Booten ausgetragen wird und bei dem die Mannschaften versuchen, sich mit langen Speeren gegenseitig ins Wasser zu befördern.

ROMANTIK UND REALITÄT
Männer, Boote, Netze. Wettergegerbte Gesichter, zupackende Hände. Zwischen Archaik und Romantik changiert das Bild des Fischers, doch die Realität sieht heute ein wenig anders aus. Auf den Meeren wird der Hochseefischfang betrieben wie eine Industrie, wenn kilometerlange Netze Wasser und Grund durchpflügen und der Fang an Bord gleich ausgenommen und tiefgekühlt wird. Die Binnenfischerei ist anders strukturiert. Männer wie der Bodenseefischer Wilhelm Böhler landen frischen Fisch an und verarbeiten ihn an Land. Viele Binnenfischer beliefern gastronomische Betriebe.

Ob Bodensee, Chiemsee oder Müritz, Starnberger See oder Steinhuder Meer, Mosel, Elbe oder Main: Dank strengerer Umweltauflagen hat sich die Qualität der deutschen Binnengewässer im zurückliegenden Vierteljahrhundert kontinuierlich verbessert.

WENIGER FISCH
Dass das Wasser sauberer wird, kann einen grundsätzlich freuen, dem Stand der Fischer muss dies nicht unbedingt helfen. Aus dem Bodensee etwa haben die Berufsfischer vor 15 Jahren jedes Jahr 400 Tonnen mehr Fisch geholt als heute. Aale beispielsweise gehen ihnen dort kaum noch in die Netze. Die Gründe sind vielfältig. Vermutet wird unter anderem, dass die Turbinen von Wasserkraftwerken die Zuwanderung aus den Flüssen erschweren. Hinzu kommt, dass Wasser in Trinkqualität für viele Fischarten gut, für andere ungeeignet ist, weil sie darin zu wenige Nährstoffe wie etwa Algen finden.

Einem Gewässer auf die Sprünge hilft ein Fischereimeister am Tegernsee. In einem Ortsteil von Bad Wiessee hat der Bezirk Oberbayern Michael Ostermeier einen Modellbetrieb finanziert. Dort zieht er heimische Arten wie den Saibling und die Forelle, die im Tegernsee nicht mehr schwammen, und es gelingt ihm, sie in dem Gewässer wieder anzusiedeln. Wenn also Hobbyangler im Tegernsee einen dieser beiden Fische fangen, haben sie das wahrscheinlich dem Profikollegen zu verdanken.

ROTAUGE UND SCHLEIE
Sie tauchen tief

ROTAUGE

In Flüssen, bevorzugt schlammig, aber auch in Hafenbecken hält sich das Rotauge gerne auf – eigentlich überall dort, wo es der Forelle, die das klare und schnell fließende Wasser liebt, nicht gefallen würde. Rotaugen werden 25 bis knapp unter 50 cm groß. Ihre Oberseite ist grün, ihr Bauch weiß, was aber je nach Gewässer variieren kann. Wird das Rotauge etwa in einem Baggersee gefangen, kann sein Schuppenkleid fast goldfarben sein. Immer jedoch hat dieser Fisch, der bis zu 3 kg schwer sein kann, eine auffallend rote Iris, daher sein Name. Sein Fleisch schmeckt sehr delikat, jedoch ist es von kleinen, feinen Gräten durchsetzt, die man vor der Zubereitung am besten mit einer Pinzette vorsichtig entfernt. Man kann das Rotauge auch mehrere Tage in Essig einlegen, damit sich die Gräten auflösen.

Fangzeiten April bis Dezember

SCHLEIE

Was lange währt, das wird ein feiner Fisch: Die Schleie mit ihrem typischen, abgerundeten Körper und der von einer Schleimschicht bedeckten Haut wächst sehr langsam. Sie kann eine Länge von 70 cm und ein Gewicht von mehr als 6 kg erreichen. Häufig wird sie zusammen mit Karpfen in einem Teich gezüchtet. Sie gehört ebenfalls zur Gattung der Karpfenfische und liebt deshalb auch den schlammigen Untergrund. Als Speisefisch ist die Schleie jedoch weit weniger bekannt als der Karpfen. Doch sie wird zu Unrecht unterschätzt: Ihr weißes, im Vergleich zum Karpfen festeres Fleisch ist äußerst schmackhaft, saftig und zart und eignet sich hervorragend zum Dämpfen, Dünsten oder Braten. Und für alle Kalorienbewussten: Der Fettgehalt der Schleie liegt weit unter dem des Karpfens.

Fangzeiten Juli bis April, regional unterschiedlich

FALSCHE BRATHERINGE
ein säuerlich-würziger Genuss

DASS FISCH NICHT IMMER HEISS AUS DER PFANNE ODER DEM OFEN
GEGESSEN WERDEN MUSS, BEWEIST DIESES REZEPT.

Zutaten für 4 Portionen

4 Rotaugenfilets (à ca. 150 g)

2 saure Gurken oder
4 Cornichons

1 mittelgroße Zwiebel

4 EL Zucker

500 ml Essig

500 ml Wasser

2 Lorbeerblätter

4 TL Salz

5 Pfefferkörner

1 TL Senfkörner

5 Wacholderbeeren

Salz, Pfeffer aus der Mühle

2 EL Mehl

Sonnenblumenöl zum Braten

besonderes Werkzeug
• runde oder eckige Glasform

Zeitbedarf
• 60 Minuten +
  3 – 4 Stunden kühlen +
  2 Tage marinieren

So geht's

1. Die Rotaugenfilets kalt abspülen und trocken tupfen. Die Gurken oder Cornichons in hauchdünne Scheiben schneiden. Die Zwiebel schälen und in dünne Scheiben schneiden.

2. Den Zucker in einem Topf bei mittlerer Hitze karamellisieren lassen. Mit Essig und Wasser vorsichtig ablöschen. Gurkenscheiben, Lorbeerblätter, Salz, Pfeffer- und Senfkörner sowie Wacholderbeeren dazugeben. Kurz aufkochen lassen.

3. Die Zwiebel in den Sud geben und diesen auf kleiner Stufe 10 Minuten ziehen lassen. Den Topf vom Herd nehmen und den Sud etwas abkühlen lassen. Dann in den Kühlschrank stellen und während 3 – 4 Stunden vollständig erkalten lassen.

4. Die Rotaugenfilets auf beiden Seiten mit Salz und Pfeffer einreiben, dann im Mehl wenden. Überschüssiges Mehl abklopfen. Öl in einer Pfanne erhitzen und die Filets darin auf jeder Seite 2 Minuten braten.

5. Die gebratenen Fischfilets in eine Glasform schichten und mit dem erkalteten Sud übergießen. Für 2 Tage in den Kühlschrank oder in den kühlen Keller stellen.

Diese Rotaugen schmecken besonders gut in einem krossen, mit gesalzener Butter bestrichenen Brötchen oder auf Pumpernickel, aber auch zu heißen Pellkartoffeln.

GEBRATENE SCHLEIE
in Sahne-Dill-Sauce

HERZHAFT GEBRATENER FISCH, DAZU EINE MIT DILL AROMATISIERTE
SAHNESAUCE: EIN VERSUCH LOHNT SICH.

Zutaten für 4 Portionen

4 Schleienfilets (à ca. 150 g)

1 Zitrone

Salz, Pfeffer aus der Mühle

2 EL Mehl

2 Bund Dill

200 g Butter

⅛ l Weißweinessig

2 Eigelb

100 ml Sahne

1 Prise Zucker

Zeitbedarf
· 40 Minuten

So geht's

1. Die Fischfilets unter fließendem kaltem Wasser abspülen, mit
   Küchenpapier trocken tupfen. Die Zitrone auspressen. Die Filets
   mit Salz und Pfeffer würzen und mit Zitronensaft beträufeln.
   Anschließend in Mehl wenden, überschüssiges Mehl abklopfen.

2. Den Dill zupfen und fein hacken oder in kleine Stücke schneiden.
   Die Hälfte der Butter in einem Topf zergehen lassen und mit dem
   Essig aufgießen. Bei schwacher Hitze Eigelbe, Sahne und Zucker
   beifügen, dann den gehackten Dill unterrühren. Mit dem Schneebesen vorsichtig aufschlagen. Die Sauce darf nicht kochen, sonst
   gerinnt das Eigelb und die Bindung geht verloren.

3. Die restliche Butter in einer Pfanne erhitzen und die Fischfilets
   von jeder Seite ca. 3 Minuten goldbraun braten. Auf Teller anrichten und mit der Sauce überziehen.

Als Beilage passen mehlig gekochte Kartoffeln sowie Gurkensalat
mit frischem Dill.

SCHLEIENFILETS
in Kartoffelkruste

DER KARPFENARTIGE FISCH BEKOMMT DURCH DIE KARTOFFELKRUSTE
EINEN KRÄFTIGEN GESCHMACK UND BLEIBT DABEI SAFTIG UND BISSFEST.

Zutaten für 4 Portionen

4 Schleienfilets (à ca. 150 g)

Salz

weißer Pfeffer aus der Mühle

3 TL mittelscharfer Senf

5 große Kartoffeln

400 g Zucchini

¼ l Fleischbrühe

50 g Butterschmalz

2 Schalotten

2 Zweige Rosmarin

25 g Butter

150 g Sahne

2 EL heller Saucenbinder

1 TL Zitronensaft

Zeitbedarf
• 40 Minuten

So geht's

1. Die Schleienfilets unter fließendem kaltem Wasser abspülen, mit Küchenpapier trocken tupfen. Die Filets auf beiden Seiten mit Salz und Pfeffer einreiben, dann gleichmäßig mit Senf bestreichen.

2. Die Kartoffeln schälen, waschen und wie für Kartoffelpuffer raspeln. In einem sauberen Küchentuch gut ausdrücken. Die Kartoffeln mit Salz und Pfeffer würzen und die Fischfilets darin wenden. Die Kartoffelmasse gut andrücken, damit der Fisch beim Braten saftig bleibt.

3. Die Zucchini putzen, waschen und der Länge nach in dünne Scheiben schneiden. Die Fleischbrühe aufkochen, die Zucchinischeiben hineingeben und 3 Minuten knapp unter dem Siedepunkt garen. Dann über einer Schüssel in ein Sieb abgießen und abtropfen lassen. Die Brühe aufbewahren.

4. Butterschmalz in einer Pfanne erhitzen. Die Fischfilets im Kartoffelmantel hineingeben und unter mehrmaligem Wenden ca. 5 Minuten goldgelb braten.

5. Die Schalotten schälen und fein hacken. Die Rosmarinnadeln von den Zweigen zupfen. Butter in einem Topf zergehen lassen und Schalotten und Rosmarin darin andünsten. Die Sahne und die Zucchinibrühe dazugießen, kurz aufkochen und mit Saucenbinder andicken. Mit Salz, Pfeffer und Zitronensaft abschmecken. Die abgetropften Zucchinischeiben in die Sauce geben und darin erwärmen.

6. Den gebratenen Fisch zusammen mit den Zucchini und der Sauce auf Teller anrichten.

SO SCHMECKT'S AUCH Wer es noch etwas würziger mag, verwendet zum Einstreichen der Fischfilets scharfen Senf.

ZANDER
Der Vielseitige

DER ZANDER ODER HECHTBARSCH GEHÖRT ZUR FAMILIE DER BARSCHE UND LEBT ALS RAUBFISCH IN VORWIEGEND LANGSAM FLIESSENDEN EUROPÄISCHEN FLÜSSEN UND IN SEEN.

Er gilt als scheuer und vorsichtiger Fisch, der nur schwer zu fangen ist. Das macht den Zander zur besonderen Delikatesse, die bis in die Gourmetgastronomie geschätzt wird. Er gehört zu den feinsten Süßwasserfischen und kann eine Größe von 120 cm und ein Gewicht von 20 kg erreichen. Der größte mit der Angel gefangene Zander stammte aus der Donau und war rund 106 cm lang und 15 kg schwer.

Typisch für den Zander sind sein lang gestreckter Körper, der zugespitzte Kopf, das tief gespaltene Maul und zwei Rückenflossen, von denen die vordere mit Stacheln besetzt ist. Sie ist auch der Grund, warum man beim Umgang mit diesem Raubfisch Vorsicht walten lassen sollte, um sich nicht zu verletzen. Am Körper trägt der Zander kleine Schuppen, die relativ leicht zu entfernen sind.

Aufgrund seines länglichen Körpers und der ähnlichen Kopfform wird der Zander zuweilen mit dem Hecht verwechselt, unterscheidet sich von ihm jedoch durch seine Maulform und die beiden Rückenflossen.

Das Fleisch des Zanders ist sehr schmackhaft, praktisch grätenfrei und vielfältig einsetzbar. Zander schmeckt, auf der Haut gebraten, mit nahezu jeder Art von Beigabe. Als Fisch der gehobenen Küche ist er hierzulande vor allem in der Elsässer Variante bekannt geworden, d.h. mit Linsen und Sauerkraut. Zu dieser Kombination, sei es im Restaurant oder zu Hause, sollten Sie Champagner oder zumindest einen schönen trockenen Sekt genießen.

Fangzeit Juli bis Februar, regional unterschiedlich

ZANDER-LACHS-BULETTEN
mit Gemüse und Apfel

EINE LECKERE ALTERNATIVE ZUM KLASSISCHEN HAMBURGER. UND KINDER DÜRFEN DIE BULETTEN NATÜRLICH MIT KETCHUP GENIESSEN.

Zutaten für 4 Portionen

250 g Zanderfilet

250 g Lachsfilet

100 g Staudensellerie

100 g Möhren

1 Apfel

2 Eiweiß

50 g Semmelbrösel

½ EL Speisestärke

Salz, Pfeffer aus der Mühle

wenig frischer Ingwer

Cayennepfeffer

4 Stängel Petersilie

Olivenöl zum Braten

Zeitbedarf
• 30 Minuten +
  30 Minuten kühlen

So geht's

1. Zander- und Lachsfilet kalt abspülen und trocken tupfen. Dann für 30 Minuten in den Tiefkühler stellen. Die gekühlten Filets in sehr kleine Würfel schneiden.

2. Staudensellerie putzen, Möhren schälen, Apfel schälen und entkernen. Alles in sehr kleine Würfel schneiden.

3. Fisch-, Gemüse- und Apfelwürfelchen in eine Schüssel geben. Eiweiße und Semmelbrösel dazugeben und alles gut durchkneten. Die Speisestärke untermischen. Mit Salz, Pfeffer, etwas geriebenem Ingwer und Cayennepfeffer nach Geschmack würzen. Die Petersilie zupfen, fein hacken und unter die Masse rühren.

4. Die Hände leicht anfeuchten. Aus der Fischmasse kleine Bällchen formen und diese etwas flach drücken [→ a]. Das Olivenöl in einer Pfanne erhitzen und die Fischbuletten darin je nach Größe 2 – 4 Minuten braten.

Am besten schmeckt die Bulette in einem frischen Brötchen, garniert mit einem Klecks Mayonnaise und Ketchup und dünnen Zwiebelringen. Die Buletten passen aber auch zu einem warmen Kartoffelsalat oder einem Gemüsesalat mit Joghurt-Dressing.

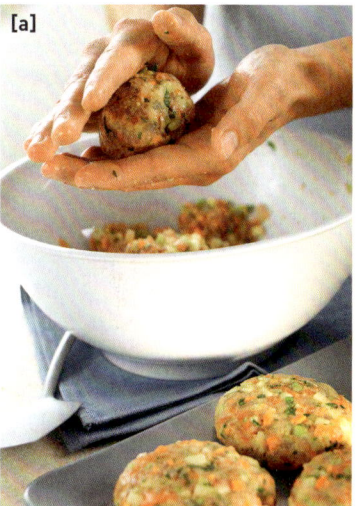

[a]

DAS IST *wirklich* WICHTIG

[a] BULETTEN FORMEN Die Hände zwischendurch immer wieder mit kaltem Wasser anfeuchten. So lassen sich die Buletten leichter und gleichmäßiger formen.

DAS IST *wirklich* WICHTIG

....

[a] ALUFOLIE DICHT EINSCHLAGEN
Darauf achten, dass die Folie gut ver-
schlossen ist, damit das Aroma in den
Fisch geht und nicht im Ofen verfliegt.

[a]

ZANDER MIT ROTEM CURRY
und Knäckebrot-Knoblauch-Butter

EIN AROMATISCHES, LEICHT PIKANTES FISCHGERICHT, DAS AUF EINER SOMMERLICHEN GARTENPARTY GARANTIERT FÜR FURORE SORGT.

Zutaten für 4 Portionen

4 Zanderfilets mit Haut (à ca. 150 g)

125 g Knoblauchbutter

4 Scheiben Knäckebrot

Olivenöl zum Einpinseln

Salz, Pfeffer aus der Mühle

50 g rotes Currypulver

besonderes Werkzeug
• Alufolie

Zeitbedarf
• 20 Minuten +
  20 Minuten garen

So geht's

1. Die Zanderfilets unter fließendem kaltem Wasser abspülen und trocken tupfen. Die Knoblauchbutter in einem Topf leicht erwärmen. Das Knäckebrot in einer Schüssel fein zerbröseln und mit der flüssigen Knoblauchbutter vermengen.

2. Den Backofen auf 200 °C (Umluft 180 °C) vorheizen. Ein Backblech mit Alufolie in der doppelten Blechgröße auslegen und mit etwas Olivenöl einpinseln.

3. Die Fischfilets auf der Hautseite mit Salz und Pfeffer würzen und mit dieser Seite nach unten auf die Alufolie legen. Die oben liegende Seite zuerst mit rotem Currypulver würzen, dann die Knäckebrot-Knoblauch-Butter mit einem breiten Messer gleichmäßig auf die Filets streichen.

4. Die Folie von allen Seiten über dem Fisch einschlagen und dicht verschließen [→ a]. Die Zanderfilets im vorgeheizten Ofen 20 Minuten garen, dann auf Teller anrichten.

Dazu ofenfrisches Baguette oder frische Brötchen reichen. Auch Bratkartoffeln und Endiviensalat mit frischen Gartenkräutern passen gut dazu.

ZANDERFILETS
mit südlichen Kräutern

EINE EINFACHE ZUBEREITUNG, DIE DEM ZANDER EINE MEDITERRANE
NOTE VERLEIHT. DIE KRÄUTER KÖNNEN JE NACH SAISON VARIIEREN.

Zutaten für 4 Portionen

4 Zanderfilets mit Haut
(à ca. 150 g)

2 Bio-Zitronen

4 Schalotten

2 Knoblauchzehen

100 g gemischte Kräuter der
Saison, z. B. Petersilie, Basilikum,
Rosmarin, Majoran, Thymian

Salz, Pfeffer aus der Mühle

6 EL Olivenöl

2 EL Mehl

Zeitbedarf
• 30 Minuten

So geht's

1. Die Zanderfilets unter fließendem kaltem Wasser abwaschen und
trocken tupfen. Die eine Zitrone auspressen, die andere heiß abspülen und gut abtrocknen, dann in hauchdünne Scheiben schneiden. Schalotten und Knoblauchzehen schälen und in kleine Würfel
schneiden. Kräuter zupfen und fein hacken.

2. Die Fischfilets halbieren, mit Zitronensaft beträufeln (etwas Saft
übrig behalten), salzen und pfeffern und anschließend im Mehl
wenden. Überschüssiges Mehl abklopfen. Den Backofen auf 120 °C
(Umluft 100 °C) vorheizen.

3. 4 EL Olivenöl in einer Pfanne erhitzen und die Zanderfilets von
beiden Seiten goldbraun anbraten. Herausnehmen und im Ofen
warm stellen.

4. Zitronenscheiben, Knoblauch, Schalotten und gehackte Kräuter in
die Pfanne geben und ca. 10 Minuten auf kleiner Flamme dünsten.
2 EL Olivenöl mit wenig Zitronensaft, Salz und Pfeffer verrühren.

5. Die Fischflets aus dem Ofen nehmen und auf Teller anrichten.
Das gewürzte Olivenöl mit einem Löffel über die Filets geben, dann
Zitronenscheiben, Kräuter, Knoblauch und Zwiebeln aus der Pfanne
darüber verteilen.

Dazu schmeckt Kartoffelsalat oder auch nur ein grüner Salat,
verfeinert mit den gleichen Kräutern wie der Fisch.

ZANDERFILETS
mit Apfel-Birnen-Sahne

APFEL, BIRNE, ZANDER: IN DIESEM KÖSTLICHEN REZEPT HAT SICH EIN
PERFEKT HARMONIERENDES TRIO GEFUNDEN.

Zutaten für 4 Portionen

4 Zanderfilets mit Haut
(à ca.150 g)

½ Orange

Salz, Pfeffer aus der Mühle

1 Apfel

1 Birne

1 EL Butter

150 ml Sahne

Cayennepfeffer

Muskatnuss

2 Knoblauchzehen

2 EL Butterschmalz

Zeitbedarf
· 45 Minuten

So geht's

1. Die Zanderfilets unter fließendem kaltem Wasser gut abspülen,
   dann trocken tupfen und halbieren. Die halbe Orange auspressen.
   Die Filets mit dem Saft beträufeln und mit Salz und Pfeffer würzen.

2. Apfel und Birne sauber schälen, vom Kerngehäuse befreien und
   in kleine Würfel schneiden. Die Butter in einem Topf zerlassen,
   die Apfel- und Birnenwürfel zugeben und kurz anbraten. Mit Salz
   und Pfeffer würzen, mit der Sahne aufgießen und auf kleiner
   Flamme ca. 5 Minuten einkochen lassen. Mit Salz, Cayennepfeffer
   und geriebener Muskatnuss abschmecken.

3. Die Knoblauchzehen schälen. Butterschmalz in einer Pfanne erhitzen. Die Knoblauchzehen durch eine Knoblauchpresse in die
   Pfanne drücken und kurz anbraten. Die Temperatur etwas zurückschalten. Die Zanderfilets mit Küchenpapier trocken tupfen, dann
   mit der Hautseite nach unten in die Pfanne legen und ca. 2 Minuten braten.

4. Die Pfanne vom Herd nehmen. Die Zanderfilets vorsichtig auf die
   Fleischseite wenden und ca. 5 Minuten ruhen lassen. Apfel-Birnen-
   Sahne auf Teller anrichten und die Zanderfilets darauf platzieren.

Als Beilage passen Salzkartoffeln, Kartoffelpüree oder einfach
knuspriges Baguette.

REZEPTREGISTER

ZUBEREITUNGSREGISTER

REGIONALE PRODUKTE

Willkommen zu einer ganz neuen Frischeküche mit den **KOSMOS** Schätzen aus der Natur

CORNELIA SCHINHARL
Biokisten Kochbuch
- 144 Seiten, 118 Abbildungen, €/D 14,95
- ISBN 978-3-440-12248-8

INGO SWOBODA & JAQUELINE VOGT
Äpfel, Birnen & Quitten
- 144 Seiten, 110 Abbildungen, €/D 14,95
- ISBN 978-3-440-12245-7

Regionale Vielfalt: In der gelieferten Biokiste oder auch beim Bummel über den Wochenmarkt entdeckt man immer wieder Neues. Was tun mit den manchmal, fast vergessenen Gemüsesorten? Cornelia Schinharl weiß Rat: Für Frühjahr, Sommer, Herbst und Winter stellt sie typische regionale und saisonale Gemüsesorten vor und zeigt interessante und unkomplizierte Rezepte, die zum Ausprobieren, Nachkochen und Weiterentwickeln einladen.

GENIESSEN!

- 144 Seiten, 110 Abbildungen, €/D 14,95
- ISBN 978-3-440-12590-8

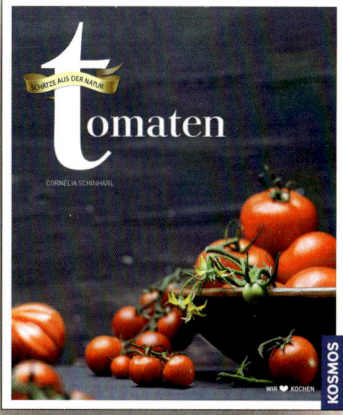

- 144 Seiten, 110 Abbildungen, €/D 14,95
- ISBN 978-3-440-12593-9

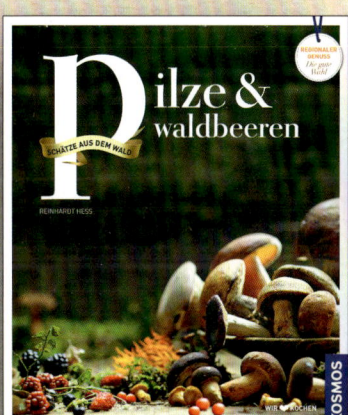

- 144 Seiten, 110 Abbildungen, €/D 14,95
- ISBN 978-3-440-12247-1

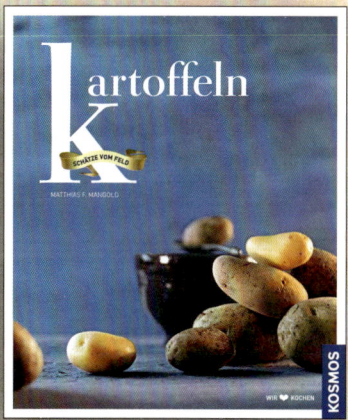

- 144 Seiten, 100 Abbildungen, €/D 14,95
- ISBN 978-3-440-12246-4

AKTEURE

Ingo Swoboda, geboren und aufgewachsen in Eltville am Rhein, schreibt nach mehrjähriger Tätigkeit als Redakteur und stellvertretender Chefredakteur heute unter anderem für DER FEINSCHMECKER, Sommelier Magazin, Bonner General-Anzeiger, F.A.Z. Sonntagszeitung und Süddeutsche Zeitung, arbeitet als Restaurantkritiker und ist Mitglied in internationalen Verkostungsjurys. Er hat rund 50 Bücher zum Thema Essen und Trinken verfasst, die in mehrere Sprachen übersetzt wurden. 2006 wurde Ingo Swoboda der „Pro-Riesling-Förderpreis" für Publizistik verliehen.

Jacqueline Vogt wurde in einer Familie groß, die das gute Essen und Trinken liebt. Und was sie von Kindesbeinen an begleitet hat, das hat die Journalistin zu ihrem Beruf gemacht: Sie ist seit vielen Jahren Redakteurin der F.A.Z. und schreibt, wenn sie sich nicht mit Bildungspolitik befasst, vor allem über kulinarische Themen. Sie berichtet über Küchen und Köche, über Lokale und Weine und hat eine Restaurant-Kolumne in der F.A.Z Sonntagszeitung.

Joachim Penz ist ein Kind des Nordens, macht seine Leidenschaft zum Beruf und beginnt eine Ausbildung zum Koch in einem renommierten Hamburger Restaurant. Nach Lehr- und Wanderjahren, die ihn quer durch Europa von Italien und Spanien bis zurück nach Sylt bringen, absolviert er die Hotelfachschule in Altötting und die Wirtschaftsakademie in Lübeck. Heute ist Joachim Penz Küchenchef in der Commerzbank Arena Frankfurt und kulinarisch verantwortlich für viele Veranstaltungen in einem der schönsten Fußballstadien Deutschlands.

Alexander Walter ist seit über 20 Jahren selbstständiger Fotograf. Im Auftrag renommierter Verlage und internationaler Agenturen arbeitet er vor allem in den Bereichen Food, Still Life, People und Reportage. Der leidenschaftliche Gourmet und Hobbykoch war bei mehr als 50 Kochbüchern für die optische Umsetzung verantwortlich. Er lebt und arbeitet mitten im Grünen im schönsten bayerischen Oberland.

Sven Dittmann sammelte nach seiner klassischen Ausbildung zum Koch noch weitere elf Jahre Erfahrungen und Eindrücke in renommierten Restaurants in Deutschland. Seit 2006 bringt er diese als freiberuflicher Foodstylist für Printmedien, Buchverlage und Werbeagenturen vor die Kamera.

Monica Liebetanz, diplomierte Modedesignerin, hat ihr Gespür für Gestaltung vom Bereich Mode auf Food, Home & Interior erweitert. So arrangiert sie für Fotos seit vielen Jahren schöne Dinge miteinander.

Maria Gilg unterstützte das Fototeam stets gut gelaunt mit ihrem Fleiß und ihren kreativen Ideen bei der Produktion.

Vielen Dank an die Forellenzucht Aumühle.
www.forellenzucht-aumuehle.de

IMPRESSUM

Mit 111 Farbfotos von Alexander Walter

Umschlaggestaltung von Gramisci Editorialdesign, München unter Verwendung eines Fotos von Alexander Walter

Rezepte, Geling-Tipps, Infos zum KOSMOS-Kochbuch-Programm und vieles mehr unter **www.kosmos.de/gut-gekocht**

Unser gesamtes lieferbares Programm und viele weitere Informationen zu unseren Büchern, Spielen, Experimentierkästen, DVDs, Autoren und Aktivitäten finden Sie unter **www.kosmos.de**

Gedruckt auf chlorfrei gebleichtem Papier

© 2011, Franckh-Kosmos Verlags-GmbH & Co. KG, Stuttgart
Alle Rechte vorbehalten

ISBN 978-3-440-12687-5

Redaktion und Projektleitung: Marc Strittmatter
Lektorat: Eva Meyer
Gestaltungskonzept und Layout:
Gramisci Editorialdesign, München
Satz: Atelier Krohmer, Dettingen/Erms
Produktion: Eva Schmidt
Printed in Germany / Imprimé en Allemagne

FSC
www.fsc.org

MIX
Papier aus verantwortungsvollen Quellen
FSC® C004592